COMMERCIAL LAW

금융소비자보호를 위한
위법계약해지권 해설

법학박사
정 현 아 변호사

삼원사

PREFACE

위법계약해지권 해설

존경하는 금융업계 실무자 및 관계자 여러분께,

금융소비자보호는 오래된 숙제와 같은 것이었습니다. 오랜 기간의 논의 끝에 지난 2020년 도입된 「금융소비자보호에 관한 법률」(이하 '금융소비자보호법')은 2021년에 시행된 이후 금융시장에 중대한 변화를 가져왔습니다. 금융상품 판매에 있어 소비자의 권익을 강화하고, 금융회사의 책임 있는 영업을 유도하며, 궁극적으로 금융산업 전반에 대한 신뢰를 높이는 중요한 이정표가 되었습니다. 특히, 금융소비자보호법이 도입한 여러 제도 중 위법계약해지권은 소비자의 권리를 사후적으로 구제하는 강력한 수단으로서, 금융거래의 공정성을 확보하는 데 핵심적인 역할을 수행하고 있습니다.

이 해설서는 바로 이 위법계약해지권에 대한 실무적 이해를 돕고자 하는 깊은 고민과 노력의 결과물입니다. 다른 나라에서도 유례를 찾을 수 없는 제도인 만큼, 위법계약해지권은 유독 낯설고 추상적으로 느껴졌을 것입니다. 관련 법규와 감독규정은 물론, 실제 현장에서 발생할 수 있는 다양한 사례들에 대한 종합적인 해석과 지침이 절실하다는 현장의 목소리가 있었습니다. 이에 본 해설서는 실무자들의 이해를 돕기 위하여 위법계약해지권의 법적 근거와 적용요건에 대하여 상세히 풀어내고자 노력하였습니다.

위법계약해지권은 금융회사가 5대 판매행위 규제원칙(적합성원칙, 적정성원칙, 설명의무, 불공정영업행위 금지, 부당권유행위 금지)을 위반하여 계약을 체결한 경우, 소비자가 일정 기간 내에 계약 해지를 요구할 수 있도록 하는 제도입니다. 이는 계약 체결 시점의 불완전 판매에 대한 강력한 사후적 제재인 동시에, 소비자에게는 일방적인 계약 관계에서 벗어날 수 있는 실질적인 선택권을 부여한다는 점에서 의미가 큽니다. 또한, 해지 시점에 판매자가 소비자에게 해지 관련 수수료나 위약금 등을 요구할 수 없도록 하여 소비자의 부담을 최소화하는 등 세심한 보호장치까지 마련되어 있습니다.

하지만 전세계를 아울러 최초로 도입된 제도인 만큼 적용사례를 찾을 수 없고, 법조문의 추상적이고 일반적인 내용만으로는 실무 현장의 복잡하고 다양한 상황에 적용하기 어려운 것이 현실입니다. 금융상품의 종류에 따라 해지권 적용 여부가 달라지기도 하고, 위법 사유의 판단 기준 또한 명확하지 않아 혼란을 초래할 수 있습니다. 본 해설서는 금융소비자보호법의 입법 취지를 충실히 반영하면서도, 금융소비자와 금융회사 양측의 입장을 균형 있게 고려하여 위법계약해지권의 요건, 절차, 효과 등에 대한 명쾌한 해설을 제시하고자 했습니다. 더 나아가 향후 위법계약해지권의 해석과 적용에 있어서 논란이 될 수 있는 부분을 사전적으로 살핌으로써 실무적인 혼선을 최소화하고자 노력하였습니다.

아무쪼록 이 해설서가 금융상품 판매 현장에서 소비자의 권리를 올바르게 보호하고, 불완전 판매를 예방하는 데 실질적인 도움이 되기를 바랍니다. 실무자들이 위법계약해지권을 정확히 이해하고 현명하게 활용함으로써, 금융소비자의 신뢰를 얻고 건전한 금융거래 문화를 정착시키는 데 기여할 수 있기를 진심으로 희망합니다.

끝으로, 조촐한 원고가 세상에 나올 수 있도록 각고의 노력을 기울여준 삼원사 편집 관계자분들과 하나뿐인 사랑하는 가족에게 깊은 감사의 인사를 드립니다.

법학박사 정현아 변호사

CONTENTS

들어가며   3

제1장 금융소비자보호법 개관

제1절 금융소비자보호법의 제정 배경   5
  Ⅰ. 금융소비자 보호의 필요성   5
  Ⅱ. 개별 금융소비자보호법률을 통한 규제의 한계   5
  Ⅲ. 금융소비자보호법의 제정   7
    1. 제정배경   7
    2. 제정이유   7
    3. 다른 법률과의 관계   8

제2절 금융소비자보호법의 주요내용 및 특징   10
  Ⅰ. 업권별 규제차익 문제의 해소   10
  Ⅱ. 사후규제의 강화   10
  Ⅲ. 금융소비자의 권리 및 의무에 관한 규정   11
    1. 금융소비자의 개념   11
    2. 금융소비자의 권리와 의무   12
  Ⅳ. 금융상품판매업자와 금융상품자문업자   13
    1. 금융상품판매업자   13
    2. 금융상품자문업자   13
  Ⅴ. 금융상품 유형 분류   14
    1. 예금성 상품   15
    2. 대출성 상품   15
    3. 투자성 상품   16
    4. 보장성 상품   17
  Ⅵ. 금융상품판매업자 등의 영업행위 준수사항 마련   18
    1. 영업행위 일반원칙   18
    2. 영업행위 준수사항   19

Ⅶ. 금융상품판매업자 등의 사후책임 강화 … 20
  1. 금융소비자의 청약철회권 … 20
  2. 위법계약해지권의 신규도입 … 21
    (1) 의 의 … 21
    (2) 적용범위 … 22

제2장 위법계약해지권의 주요 내용

제1절 위법계약해지권의 요건 및 절차 … 25
  Ⅰ. 해지요구권 … 25
    1. 대상상품 … 25
    2. 해지요구사유 … 25
    3. 행사기간 … 25
    4. 행사방법 … 26
    5. 금융상품판매업자등의 수락여부 … 26
  Ⅱ. 해지권 … 26

제2절 위법계약해지권의 효과 … 27
  Ⅰ. 해지의 효력 발생시점 … 27
  Ⅱ. 금융상품판매업자등의 금전반환의 범위 … 27
    1. 부당이득반환의 문제 … 27
    2. 해지비용 청구의 문제 … 27

제3장 위법계약해지권 행사와 관련된 법적 쟁점

제1절 서 설 … 28
제2절 위법계약해지권의 법적 성격 … 29
  Ⅰ. 형성권의 의의 … 29
  Ⅱ. 형성권성 판단기준 … 29
    1. 독일 민법상 형성권의 성립 … 29
    2. 국내 민사법상 형성권의 성립 … 30

Ⅲ. 위법계약해지권의 형성권성 검토 ··· 32
  1. 문제의 소재 ··· 32
  2. 위법계약해지권의 제도적 취지의 고려 ··· 32
  3. 법해석론적 접근 ··· 33
Ⅳ. 위법계약해지권의 개정방안 ··· 35

제3절 위법계약해지권의 적용범위 확장 ··· 37

Ⅰ. 서 설 ··· 37
Ⅱ. 적합성원칙 적용대상의 확대 ··· 37
  1. 대출성 상품에서의 과잉대부금지의 명문화 ··· 37
  2. 보장성 상품에서의 의향파악의무의 명문화 ··· 39
Ⅲ. 적정성원칙 적용대상의 확대 ··· 41
  1. 적합성원칙과 적정성원칙의 차이점 ··· 41
  2. 적정성원칙 적용대상 확대의 필요성 ··· 42
    (1) 금융소비자의 상품에 대한 이해도 ··· 42
    (2) 고객보호의무 법리와 적정성 원칙 ··· 43
    (3) 자본시장법상 적정성원칙의 차용 ··· 44
  3. 검 토 ··· 44
Ⅳ. 설명의무 적용범위 확대의 필요성 ··· 46
  1. 설명의무 적용범위의 확대 ··· 46
  2. 검 토 ··· 47
Ⅴ. 소결 ··· 47

제4절 위법계약해지권의 행사요건의 해석상 문제 ··· 51

Ⅰ. 서 설 ··· 51
Ⅱ. 판매행위 규제원칙 위반의 의미 ··· 52
Ⅲ. 위반행위와 계약체결 사이의 인과관계 ··· 53
  1. 위법계약해지권 행사에서 인과관계의 필요성 ··· 53
  2. 인과관계의 접근방식에 관한 논의 ··· 55

(1) 불법행위에 있어서 인과관계의 논의 55
  (2) 불법행위책임과 위법계약해지권의 차이점 57
  3. 책임성립의 인과관계와 배상범위의 인과관계 구별에 관한 논의 58
 Ⅳ. 위법계약해지권 행사시 고의·과실의 요부 59

제5절 위법계약해지권의 행사기간 **61**
 Ⅰ. 위법계약해지권 행사기간의 법적성격 61
  1. 소멸시효기간과 제척기간의 의의 61
  2. 소멸시효와 제척기간의 구별기준 62
  3. 형성권·청구권과 제척기간의 관계 63
 Ⅱ. 행사기간 제한의 적절성 63
  1. 기간의 정함이 없는 형성권과 제척기간 64
   (1) 형성권과 실효의 법리 64
   (2) 기간의 정함이 없는 형성권의 제척기간 65
   (3) 제척기간의 기산점 66
  2. 기간의 정함이 있는 형성권과의 비교 67
  3. 사기에 의한 보험자의 계약 취소권과의 비교 68
  4. 소 결 70

글을 마무리하며 **72**

COMMERCIAL LAW

금융소비자보호를 위한
위법계약해지권 해설

들어가며

금융소비자는 '정보의 비대칭성', '교섭력의 차이', 그리고 '제한된 합리성'으로 인하여 금융상품을 구매하는 과정에서 여러 어려움에 직면하게 된다. 먼저 '정보의 비대칭성'은 상품이 복잡다기(複雜多岐)하여 해당 상품의 내용을 전부 파악하기 힘든 소비자의 어려움에 의해 발생한다. 즉 상품에 대한 정보가 부족하다 보니 소비자는 자신에게 적합한 상품이 무엇인지와 적정 가격 등의 핵심적인 계약조건에 대하여 적절한 판단을 내리지 못하게 되는 것이다. 다음으로 '교섭력의 차이'는 상품이 표준화되어 나타나는 문제로서, 상품의 다양성이 감소하여 금융소비자의 선택의 폭이 좁아지게 되면 이는 소비자의 협상력의 감소로 이어지는 문제를 말한다. 마지막으로 '제한된 합리성'은 관련 지식의 부족 등의 이유로 인해 나타나는 문제로서, 설명의무 등으로 인하여 소비자가 판매업자로부터 제공받는 정보의 양이 많아져도 소비자가 합리적인 선택을 하지 못하게 되는 문제를 말한다.

정보의 비대칭성과 교섭력의 차이 그리고 제한된 합리성으로 인하여 발생하는 소비자 피해의 특성은 '피해의 집단성'과 '피해회복의 곤란성'이라는 특징을 가지고 있고, 그 결과로 나타난 것이 2008년의 글로벌 금융위기와 키코(KIKO)사태[1]이다. 글로벌 금융위기 당시 금융회사의 부실화가 금융소비자의 피해로 이어짐과 동시에 사회 전반에 영향을 미친다는 사실을 목격한 미국, 영국 등 세계 각국은 앞다투어 금융소비자보호에 관한 법률과 제도를 정비하고 G20정상회의에서도 금융소비자 보호원칙을 채택하며 전세계적으로 금융소비자 보호를 강화하였다. 그러나 우리나라는 금융소비자 보호보다는 금융시장의 개방과 선진화에 더욱 치중하였고, 그 결과 통일된 금융소비자보호법의 부재 하에 금융산업의 겸영화 및 글로벌화가 진행되고 각종 파생상품의 등장과 같이 금융상품이 복잡·다양화 되자 금융소비자와 금융회사 간 정보의 비대칭성은 점점 심화되었다. 이러한 상황에서 발생한 KIKO사태로 인하여 수많은 중소기업이 피해를 입으며 판매자의 설명의무 위반 등이 사회 문제로 대두되었고, 2011년 발생한 저축은행 후순위채 사태 등과 같은 금융상품의 불완전판매가 고스란히 금융소비자의 손실로 직결되며 금융소비자보호의 강화가 요구되었다.

불완전판매 규제 등 사전적 보호제도와 관련한 개별 금융업권법의 미비점을 개선·보완을 통하여 금융소비자보호를 강화하기 위하여 「은행법」을 비롯한 개별 금융업권법의 정비가 이루어졌다. 그럼에도 불구하고 여전히 ① 금융소비자 보호를 주된 목적으로 하는 기본법이 없이 금융소비자보호가 개별 법령을 통하여 부수적인 사항으로 규

---

[1] 키코사태란 2008년 3월 강만수 재정경제부 장관이 고환율이 수출에 도움이 된다는 발언을 한 이후, 환율이 급등하여 키코계약의 knock-out 조건을 넘어서 대규모 해지가 되는 사태가 발생하여, 수많은 기업들에게 수조원 단위의 손해가 발생한 사건을 말한다.

율되고 있고, ② 금융교육, 영업규제, 분쟁조정 등 금융소비자보호 관련 제도가 개별 금융권법에 산재되어 있어 금융소비자보호 관련 정책 및 교육을 중장기적으로 추진할 수 있는 기반이 미흡하며, ③ 금융소비자보호 관련 규제가 업권별로 이루어짐으로써 유사상품에 대하여 상이한 규제가 적용되거나 일부 업권에 대한 규제의 공백이 발생하고 있고, ④ 금융소비자를 위한 사후적 권리구제제도가 상대적으로 미흡하다는 점 등의 한계점이 존재하였다. 사후규제의 미비는 금융소비자의 권리구제를 어렵게 할 뿐만 아니라 새로운 유형의 금융범죄 및 사기를 제대로 처벌하지 못한다는 문제점을 드러내었고, 이를 방지하기 위하여 사전규제를 강화하는 것은 신기술의 도입과 신금융서비스의 도입을 어렵게 하여 금융업계 또한 금융시장의 선진화를 위한 사후규제 중심 체제로서의 전환을 요구하여 왔다.

이러한 현행 금융소비자보호제도의 문제점들을 개선하고 금융소비자 보호를 위한 공통기준을 정립하고자 「금융소비자 보호에 관한 법률(이하 '금융소비자보호법')」이 2020. 3. 24. 법률 제17112호로 제정되어 2021. 3. 25.부터 본격적으로 시행되고 있다. 특히 이번 금융소비자보호법의 제정을 통해 새로이 우리 법제에 도입된 위법계약해지권은 기존의 금융업법 및 다른 나라에 입법례가 전무한 제도로서, 금융소비자의 보호를 위한 진일보한 제도로 평가받고 있다.

이에 따라 본서에서는 먼저 계약해소에 대한 관계 법령들의 논의 및 해외의 유사 입법례를 검토하여 위법계약해지권이라는 새로운 제도를 도입해야하는 법적인 정당성을 부여하고자 한다. 또한 위법계약해지권이 향후 실효성 있는 제도로서 정착되고 제대로 활용되기 위해서는 그 행사요건이 명확하게 확립되어야 할 필요성이 존재하므로 이와 같은 부분에 초점을 맞추어 위법계약해지권에 대한 조문을 면밀히 분석하고, 개선책을 제시함으로써 위법계약해지권을 통한 금융소비자의 권리구제를 실현하는데 기여하고자 한다.

제1장 금융소비자보호법 개관

제1절 금융소비자보호법의 제정 배경

I 금융소비자 보호의 필요성

자본시장의 발달로 인하여 금융상품이 복잡하고 다양화 되면서 금융소비자는 금융상품에 대한 정보력, 교섭력, 시장지배력 등에서 금융회사에 비하여 열등한 위치에 놓이게 되었다. 이는 곧 금융상품에 대한 금융회사와 금융소비자 간의 정보의 비대칭성의 심화를 초래하였고, 이로 인한 금융소비자의 피해는 나날이 증가하게 되었다. 결국 정부는 이러한 금융소비자 보호문제를 해결하기 위하여 다양한 금융규제정책을 시행하게 되었다.

II 개별 금융소비자보호법률을 통한 규제의 한계

「금융소비자 보호에 관한 법률(이하 '금융소비자보호법')」이 제정되기 전, 금융소비자보호는 「소비자기본법」을 기초로 하여 업종별 필요에 따라 개별 법률들에 분산되어 규율되어 왔다. 그런데 금융소비자 보호를 주된 목적으로 하는 기본법이 따로 없다 보니 ① 금융소비자보호가 개별 법령을 통하여 부수적인 사항으로 규율될 뿐이고, ② 금융교육, 영업규제, 분쟁조정 등 금융소비자보호 관련 제도가 개별 금융법에 산재되어 있어 금융소비자보호 관련 정책 및 교육을 중장기적으로 추진할 수 있는 기반이 미흡하고, ③ 금융소비자보호 관련 규제가 업권별로 이루어짐으로써 유사상품에 대하여 상이한 규제가 적용되거나 일부 업권에 대한 규제의 공백이 발생하고, ④ 금융소비자를 위한 사후적 권리구제제도가 상대적으로 미흡하다는 점 등의 한계점이 학계[2]와 실무에서 지속적으로 제기되어 왔다.

실제로 2018년 이후 사모펀드 환매연기로 인한 피해는 총 361건이고, 그 피해 규모는 총 6초 8천억 원에 달함에도 계약 해지권, 손해배상청구권 등의 실효성 있는 소비자 구제제도가 없어 금융감독원의 분쟁조정위원회에 전부 의존해야 했다. 결과적으로 금융소비자보호법 제정 시에 사후규제의 강화 및 실효성 확보가 중점적으로 논의될 수 밖에 없었다.

---

[2] 전상수, "금융소비자보호법안, 금융소비자 보호 및 금융상품 판매에 관한 법률안, 금융소비자 보호에 관한 법률안 검토보고서", 정무위원회, 2017, 13-14면; 노철우, "우리나라 금융소비자보호법의 체계 및 주요 내용에 관한 연구", 「사법」 통권 제42호, 사법발전재단, 2017, 81면.

금융소비자보호법 제정 전 금융소비자 보호 관련 법률의 목적별 분류[3]

목적	제도	관련 법률
정보의 비대칭성 해소	예금자 보호제도	예금자보호법, 보험업법
		금융위원회의 설치 등에 관한 법률
	약관제도	약관규제법
		공정거래법
		자본시장법
		보험업법, 은행법, 신탁업법
	공시제도	표시광고법
		외부감사법
		은행법, 보험업법
		자본시장법
	공정한 정보이용	신용정보법
		금융실명법
	분쟁조정제도	소비자기본법
		금융위원회의 설치 등에 관한 법률
		대부업법
	교육	소비자기본법
금융시장에서의 경쟁 촉진	시장구조 개선	공정거래법
		금융산업구조개선법
	불공정거래 해소	공정거래법
		금융위원회의 설치 등에 관한 법률
금융기관의 경영효율성 제고	건전경영지도	은행법, 보험업법
		자본시장법
	효율적 정보이용	신용정보법

---

[3] 이 내용은 [금융감독원, 『금융소비자보호 업무백서』, 2010, 12면; 김명아, 전게논문, 275-276면] 등을 수정, 보완한 것이다.

III 금융소비자보호법의 제정

1. 제정배경

2008년 글로벌 금융위기 당시 금융회사의 부실화가 금융소비자의 피해로 이어짐과 동시에 사회 전반에 영향을 미친다는 사실을 목격한 미국, 영국 등 세계 각국은 앞다투어 금융소비자보호에 관한 법률과 제도를 정비하여 금융소비자 보호를 강화하였으나, 우리나라에서는 금융소비자 보호보다는 금융시장의 개방과 선진화에 더욱 치중하여 왔다.

통일된 금융소비자보호법의 부재하에 금융산업의 글로벌화가 진행되고 각종 파생상품의 등장과 같이 금융상품이 복잡·다양화 되자 금융소비자와 금융회사 간 정보의 비대칭성은 점점 심화되었다. 이러한 상황에서 발생한 키코(KIKO)사태로 인하여 수많은 중소기업이 피해를 입으며 판매자의 설명의무 위반 등이 사회 문제로 대두되었고, 2011년 발생한 저축은행 후순위채 사태[4] 등과 같은 금융상품의 불완전판매가 고스란히 금융소비자의 손실로 직결되며 금융소비자보호의 강화가 요구되었다.

금융소비자보호법은 이러한 현행 금융소비자보호제도의 문제점들을 개선하고 금융소비자 보호를 위한 공통기준을 정립하고자 하는 논의에서 2011년부터 시작되었고, 20대 국회에 이르러 2020. 3. 24. 법률 제17112호로 제정되어 2021. 3. 25. 본격적으로 시행되고 있다.

2. 제정이유

금융소비자보호법 제1조는 금융소비자보호법의 제정목적을 "이 법은 금융소비자의 권익 증진과 금융상품판매업 및 금융상품자문업의 건전한 시장질서 구축을 위하여 금융상품판매업자 및 금융상품자문업자의 영업에 관한 준수사항과 금융소비자 권익 보호를 위한 금융소비자정책 및 금융분쟁조정절차 등에 관한 사항을 규정함으로써 금융소비자 보호의 실효성을 높이고 국민경제 발전에 이바지함을 목적으로 한다."고 하고 있다.

이를 구체적으로 살펴보면, 금융소비자보호법의 궁극적인 목적은 "금융소비자 보호의 실효성 강화 및 국민경제의 발전"이고, 이를 달성하기 위한 중간 목표는 "금융소비자의 권익 증진과 금융상품판매업 및 금융상품자문업의 건전한 시장질서 구축"

---

[4] 저축은행 후순위채 사태란 2011년 삼화저축은행, 부산저축은행을 시작으로 여러 부실 저축은행이 줄줄이 영업정지를 당한 사건이다. 이들 은행들은 일반회사채 보다는 금리가 높지만 발행 주체가 파산한 경우 가장 나중에 변제받을 수 있는 채권인 이른바 '후순위채권'을 집중적으로 발행하였다가 저축은행의 재무 건전성이 악화되면서 투자자들이 큰 손해를 본 사건이다.

이며, 목표에 이르는 수단은 "금융상품판매업자 및 금융상품자문업자의 영업에 관한 준수사항과 금융소비자 권익 보호를 위한 금융소비자정책 및 금융분쟁조정절차 등에 관한 사항을 규정"하는 것으로 볼 수 있다. 목표와 수단을 구체적으로 연결하면 금융소비자의 권익증진에 이르는 수단은 '금융소비자 정책 및 금융분쟁조정절차 마련'이고, 금융상품판매업 및 금융상품자문업자의 건전한 시장질서 구축에 이르는 수단은 '영업에 관한 준수사항 규정'이 된다.

이와 같이 금융소비자보호법은 금융상품판매업자등의 보호보다는 이들의 규제를 통한 금융소비자보호가 그 목적임을 명확히 하였고, 이는 소액분쟁 시 금융회사의 분쟁조정 이탈 금지, 분쟁조정 중 소 제기 시 법원의 소송중지, 손해배상 증명책임 전환, 판매제한명령권, 자료열람요구권 및 위법계약해지권 등 금융소비자 보호를 위한 장치들의 도입의 근거가 되었다. 특히 금융소비자보호법에서 판매행위 규제원칙으로 불리우는 적정성원칙, 적합성원칙, 설명의무, 불공정영업행위금지, 부당권유행위금지, 광고규제 등은 금융소비자 보호라는 입법목적을 구체적으로 구현하기 위한 방법이라 할 수 있고, 이를 위반할 경우 인정되는 위법계약해지권은 판매행위 규제를 효과적으로 관철시키기 위한 행정적 규제에 해당한다.

요컨대 금융소비자보호법은 업권과 관계없이 금융소비자보호를 위해 영업행위 규제 등에 공통적으로 적용되어야 할 최소한의 기준을 정립하고, 사후적 규제방안을 강화하고 있다.

3. 다른 법률과의 관계

법률을 제정함에 있어서 이미 존재하는 다른 법률과의 관계를 어떻게 규정할 것인지와 관련하여 일반법 특별법의 관계인지, 기본법과 개별법의 관계인지, 또한 관계 법률간에 법 적용상 우선순위는 어떻게 할 것인지는 법의 입법목적과 우선적용의 필요성 등을 종합적으로 고려하여 결정하여야 한다.

금융소비자보호법은 제6조에서 "금융소비자 보호에 관하여 다른 법률에서 특별히 정한 경우를 제외하고는 이 법에서 정하는 바에 따른다."고 규정하여 일반법과 특별법의 관계로 개별법 우선적용 방식을 취하고 있다. 그런데 우선적용 여부에 관하여 금융소비자보호법이 금융소비자보호에 관한 기본법적 성격을 가지려면 다른 법률보다 우선적용되어야 한다는 의견과[5], 금융소비자보호법과 다르게 규정된 개별 업권법상 특별한 규정은 개별 업권의 특수한 상황을 반영한 조항이므로 개별법이 우선적용되는 것이 타당하다는 의견,[6] 금융소비자 보호에 한정하여 우선적용하는 것이 타당하다는 의견이 있다.[7] 한편, 금융소비자 보호라는 목적을 위한 기본법이라는 의미

---

5) 이종걸 의원안.
6) 금융위원회.

는 이 목적을 위한 다른 특별법이 존재한다는 것이 아니라 금융소비자 보호를 위한 완결된 법이라는 의미이므로 기본법-특별법의 적용순위 논리를 원용하는 것 자체가 적절하지 않다는 입장도 있다.[8]

생각건대, 금융소비자보호법은 금융소비자보호에 관한 공통기준을 마련한 기본법적 성격을 가진 법률이므로 모든 금융업권에 통일적으로 적용되어야 할 필요성이 있다. 그러나 현재와 같이 개별 금융업권법이 우선적용될 경우, 개별 업권법의 규정이 금융소비자보호법보다 소비자에게 불리한 때에도 적용될 수 있다는 문제점이 있다. 금융소비자보호법이 제정된 궁극적인 목적이 "금융소비자 보호의 실효성 강화"라는 점을 고려할 때, 금융소비자 보호와 관련하여 본 법이 우선적용되도록 해당 조문을 개정할 필요가 있다.

---

7) 박용진 의원안; 전성인, "금융소비자보호에 관한 공청회", 정무위원회, 2017, 85면.
8) 전상수, 전게논문, 23면.

제2절 금융소비자보호법의 주요내용 및 특징

I 업권별 규제차익 문제의 해소

금융소비자보호법은 「은행법」, 「자본시장법」, 「보험업법」, 「여신전문금융업법」 등 개별 금융업법에 규정된 금융기관별 영업행위 규제 내용의 차이로 인하여 발생하는 규제공백으로 인한 소비자피해를 방지하고, 업권별 규제차익의 문제를 해소하기 위하여 각 금융업법에 상이하게 규정되어 있던 금융상품에 관한 모든 영업관련 행위를 통합적으로 규정하면서 동일한 기능에 동일한 규제를 적용하였다.

II 사후규제의 강화

법률에서 어떠한 행위를 규제하는 방법은 크게 사전규제와 사후규제로 구분된다. 사전규제란 불완전판매, 불공정거래 등을 일으킬 수 있는 위험성이 있는 각종 요인을 찾아내고, 그 각각의 대해 위험성을 배제하거나 최소화할 수 있는 방안을 사전에 강제 혹은 자율적으로 준수하게 하는 방식의 규제를 의미한다.[9] 이에 반해 사후규제란 수범자가 준수하여야 할 기준을 설정하고 이를 위반하였을 경우 손해배상 등의 민사상 책임을 부과하거나 필요시 위반자에게 형벌, 과태료 등의 제재를 부과하는 것을 말하는데, 예를 들어 과징금, 과태료 및 징벌적 손해배상제도 등이 이에 해당한다.

기존 금융분야의 감독방식은 사전규제 중심으로 구성되어 있었고, 금융소비자보호에 관한 기본법의 부재로 인해 사후규제의 영역은 법원의 권한으로 귀속되어 있었다. 사후규제가 아닌 사전규제 중심의 체제는 기술 혁신의 지연, 소비자의 새로운 유형의 금융범죄 노출, 우월적 금융기관에 의한 소비자 후생의 저하 등의 문제점이 발생하였고 사후적 규제 중심으로의 체제 전환의 필요성이 꾸준히 제기되어 왔다.

미국 등 금융선진국은 일찍이 사전규제 중심에서 감독기관이 조사권과 제소권 및 행정제재권을 가진 사후규제 중심으로 발전하여 왔고, 더 나아가 영국의 경우 형사소추권까지 보유하는 강력한 사후규제 중심의 금융감독체제를 가지고 있다.[10] 우리나라 또한 사후규제의 부실화를 해결하기 위하여 징벌적 손해배상제도, 단체소송제도 등의 도입을 계속하여 논의하였고, 결국 금융소비자보호법을 통하여 사후규제에 관한 내용

---

9) 금융소비자법에서도 각 개별법에서 규정하던 사전적 규제인 판매행위 규제원칙들(예를 들어, 적합성원칙, 적정성원칙, 설명의무, 불공정영업행위 금지, 부당권유 금지, 광고관련 규제 및 계약서류 제공의무)을 모아 통일적으로 규율하고 있다.
10) 김자봉, "금융소비자보호 법제의 주요현안과 정책과제", 「금융브리프」 제26권 9호, 2017, 6면.

을 다수 도입하였다. 금융소비자보호법에 새로 도입된 사후규제로는 소액분쟁 시 금융회사의 분쟁조정 이탈 금지, 분쟁조정 중 소 제기 시 법원의 소송중지, 청약철회권, 손해배상에서 증명책임의 전환, 판매제한명령권, 자료열람요구권 및 위법계약해지권 등이 있다. 또한 행정제재인 징벌적 과징금은 도입하였으나 징벌적 손해배상제도와 단체소송제도는 도입하지 못하였다.

이 중에서도 위법계약해지권은 비교법적으로 그 유례를 찾아보기 힘든 제도이자 국내에서도 처음으로 도입된 제도라는 측면에서 면밀히 검토할 필요성이 더욱 크다고 할 것인바, 후술하는 내용에서 현행법상의 위법계약해지권의 정확한 내용과 효과에 대하여 구체적으로 살펴보도록 한다.

III 금융소비자의 권리 및 의무에 관한 규정

1. 금융소비자의 개념

금융소비자란 금융상품에 관한 계약의 체결 또는 계약 체결의 권유를 하거나 청약을 받는 것에 관한 금융상품판매업자의 거래상대방 또는 금융상품자문업자의 자문업무의 상대방인 전문금융소비자 또는 일반금융소비자를 말한다(법 제2조 제8호). 금융소비자보호법은 금융소비자에 대하여 정의하면서 금융소비자를 일반금융소비자와 전문금융소비자로 구분하였다. 전문금융소비자란 금융상품에 관한 전문성 또는 소유자산규모 등에 비추어 금융상품 계약에 따른 위험감수능력이 있는 금융소비자로서 국가, 한국은행, 자본시장법상의 주권상장법인, 그 밖에 대통령령으로 정하는 자 및 금융회사가 이에 해당한다(법 제2조 제9호). 전문금융소비자가 아닌 금융소비자는 일반금융소비자에 해당한다.

일반금융소비자와 전문금융소비자의 구분은 금융소비자가 가지는 권리에는 영향을 미치지 않고, 판매행위 규제원칙의 적용 등 금융상품판매업자에 대한 규제에 있어서 적용의 차이가 있을 뿐이다. 즉, 뒤에서 살펴볼 위법계약해지권의 대상이 되는 판매행위 규제원칙 중 일부는 일반금융소비자에게만 적용된다.[11] 이는 전문금융소비자는 일반금융소비자보다 전문성을 갖추고 있어 정보의 비대칭성으로 인한 문제가 발생할 가능성이 낮고 따라서 자기책임원칙에서 벗어나 별도의 보호를 할 필요성도 낮다고 보기 때문이다.

---

11) 적합성원칙(제17조 제3항), 적정성원칙(제18조 제2항), 설명의무(제19조 제1항·제3항)

2. 금융소비자의 권리와 의무

금융소비자는 다음과 같은 6대 기본적 권리를 가진다(법 제7조).

① 금융상품판매업자등의 위법한 영업행위로 인한 재산상 손해로부터 보호받을 권리
② 금융상품을 선택하고 소비하는 과정에서 필요한 지식 및 정보를 제공받을 권리
③ 금융소비생활에 영향을 주는 국가 및 지방자치단체의 정책에 대하여 의견을 반영시킬 권리
④ 금융상품의 소비로 인하여 입은 피해에 대하여 신속·공정한 절차에 따라 적절한 보상을 받을 권리
⑤ 합리적인 금융소비생활을 위하여 필요한 교육을 받을 권리
⑥ 금융소비자 스스로의 권익을 증진하기 위하여 단체를 조직하고 이를 통하여 활동할 수 있는 권리

이상의 권리들은 「소비자기본법」 제4조에 규정된 '소비자의 8대 권리'에서 금융상품의 판매와 연관성이 적은 권리인 거래조건 등을 자유롭게 선택할 권리, 안전하고 쾌적한 소비생활 환경에서 소비할 권리 두 가지를 제외한 것으로 볼 수 있다. 금융소비자보호법이 금융소비자 보호에 관한 기본법으로서 소비자의 기본적 권리를 명시적으로 규정하였다는 점에서 의미가 있으나, 그 내용이 기존의 소비자보호법과 크게 다르지 않고 다소 추상적으로 규정되어 있어, 실효성 있는 권리행사를 위해서는 개별 규정들을 통한 구체화 및 관련 제도 마련이 뒷받침되어야 할 것이다.

동시에 금융소비자는 금융상품판매업자등과 더불어 금융시장을 구성하는 주체임을 인식하여 금융상품을 올바르게 선택하고, 금융소비자의 기본적 권리를 정당하게 행사하여야 한다. 또한 금융소비자는 스스로의 권익을 증진하기 위하여 필요한 지식과 정보를 습득하도록 노력하여야 한다(법 제8조). 이는 금융소비자가 권리보호를 벗어나서 지나치게 권리를 남용하여 부당하게 금융상품판매업자의 권리를 침해하는 것을 방지하기 위하여 제정된 규정으로서, 손해배상에 있어서 금융상품판매업자등의 책임제한의 근거규정으로 기능할 수 있을 것이다.

Ⅳ 금융상품판매업자와 금융상품자문업자

1. 금융상품판매업자

금융상품의 판매방식은 직접판매, 판매대리, 판매중개로 나눌 수 있는데(법 제2조 제2호), '금융상품판매업자'란 이러한 금융상품판매업을 영위하는 자로서 인허가를 받거나 등록을 한 자를 말한다(법 제2조 제3호). 이러한 금융상품판매업자는 금융상품직접판매업을 영위하는 '금융상품직접판매업자'와 금융상품판매대리·중개업을 영위하는 '금융상품판매대리·중개업자'로 구분된다.

2. 금융상품자문업자

금융상품자문업이란 이익을 얻을 목적으로 계속적 또는 반복적인 방법으로 금융상품의 가치 또는 취득과 처분결정에 관한 자문에 응하는 것을 말하는데(법 제2조 제4호), '금융상품자문업자'란 이러한 금융상품자문업을 영위하는 자로서 인허가를 받거나 등록을 한 자를 말한다(법 제2조 제5호).

금융소비자보호법 제정 이전에는 자본시장법에서 규정하는 투자자문업자만 존재했을 뿐, 금융상품 전반에 걸친 자문업자 제도는 존재하지 않았는데, 금융소비자보호법은 금융상품자문업을 신설하여 다양한 금융상품으로 자문업의 범위를 확대하였다. 이를 표로 정리하면 다음과 같다.

금융소비자보호법상 신설된 등록단위[12]

상 품	직판업자	대리·중개업자	자문업자
투자성	금융회사	투자권유대행인	비독립 투자자문업자
			독립 투자자문업자
보장성		보험모집인	보장성상품 독립자문업자
		신협공제사업모집인	
대출성		신용카드모집인	대출성상품 독립자문업자
		대출모집인/리스·할부중개인	
예금성		신설여부 추후 판단	예금성상품 독립자문업자

금융소비자보호법은 모든 자문업자에게 원칙적으로 겸영[13]을 금지하는 것이 아닌

---

12) 색상처리 된 부분이 본 법에 의하여 새롭게 등록대상이 된 경우에 해당한다.
13) 겸영(兼營)이란 은행이 창구에서 펀드·보험을 판매하거나 개인종합자산관리계좌 (ISA) 투자일임업을 하는 것처럼 다른 금융업권 업무를 같이하는 것을 말한다.

독립금융상품자문업자 요건을 따로 제시하여 단순 금융상품판매·자문업자와 구분될 수 있도록 하였다. 또한 독립금융상품자문업자만 명칭 및 광고에 '독립'이라는 문구를 사용할 수 있도록 하여 소비자가 자문업자를 선택함에 있어서 오해의 소지를 없애는 한편 선택의 폭을 넓히고 있다.

독립금융자문업자는 금융상품판매업자와 이해관계를 갖지 않는 자로서 금융소비자의 자문에 대한 응답과 관련하여 금융상품판매업자로부터 재산상 이익을 받을 수 없고, 특정 판매업자의 상품만 한정하여 자문에 응하는 등 대통령령으로 정한 금융소비자와 이해상충이 발생할 우려가 있는 행위가 금지된다(법 제12조 제2항 제6호, 법 제27조 제5항).

모든 금융상품자문업자는 선관주의의무가 있고, 자문업무 수행시 자신이 '독립금융상품자문업자'인지 여부 및 자문을 제공하는 금융상품의 범위, 자문업무의 제공절차, 그리고 금융상품판매업자로부터 자문과 관련한 재산상 이익을 제공받는 경우 그 재산상 이익의 종류 및 규모를 금융소비자에게 밝혀야 한다(법 제27조).

V 금융상품 유형 분류

본 법은 현행 개별 금융업법에서 다루던 일체의 금융상품 및 서비스를 그 속성에 따라 예금성 상품, 대출성 상품, 투자성 상품 및 보장성 상품의 네 가지 유형으로 재분류하였다. 개별 금융상품이 다음 각 호의 상품유형 중 둘 이상에 해당하는 속성이 있는 경우에는 해당 상품유형에 각각 속하는 것으로 본다(법 제3조). 예컨대, 보험상품은 보장성상품에 속함과 동시에 만기에 원금을 보장하지 않는 변액보험과 같이 투자성이 인정되는 보험은 투자성 상품에도 해당된다.

금융상품의 유형

구 분	개 념	대 상(예시)
예금성	이자수익이 발생하는 금융상품으로 원금이 보장되는 상품	은행법상 예금 및 적금, 상호저축은행법상 예금 등
투자성	펀드와 같이 투자수익이 발생하는 금융상품으로 원금이 보장되지 않는 상품	자본시장법상 금융투자상품, 온라인투자연계금융업법상 연계투자상품 등
보장성	장기간 보험료 납입 후 장래 보험사고 발생시 보험금을 지급 받는 금융상품	보험업법상 보험, 신용협동조합법상 공제 등
대출성	금융회사 등에서 금전을 대차하여 사용한 뒤 원금과 이자를 상환하는 금융상품	은행법상 대출상품, 여신전문금융업법상 신용카드, 시설대여, 연불판매, 할부금융 등

한편 금융소비자보호법은 각 금융상품의 개념을 정의하지 않고, 법과 시행령에서 열거한 특정 금융상품을 각 금융상품으로 정의하여 열거주의를 택하고 있다. 이와 같은 열거주의를 택한 것은 법적 명확성을 위한 것으로 보이나, 새로운 금융상품이 발생할 경우 규제공백이 발생할 가능성이 있다는 한계점이 있다. 각 유형에 해당하는 금융상품에 대하여 구체적으로 살펴보면 다음과 같다.

1. 예금성 상품

예금성 상품은 이자수익이 발생하는 것으로서 원금이 보장되는 상품으로서, 「은행법」 및 「상호저축은행법」에 따른 예금, 「신용협동조합법」에 따른 예탁금, 대출·공제, 「중소기업은행법」 및 「한국산업은행법」에 따른 예금·대출 등이 이에 해당한다(제3조 제1호, 령 제3조 제1항). 여기에 시행령은 '금융소비자로부터 금전을 받고 장래에 그 금전과 그에 따른 이자 등의 대가를 지급하기로 하는 금융상품으로 금융위원회가 고시하는 상품' 또한 예금성 상품에 해당한다고 추가하여 적용대상의 확대 가능성을 열어두었다(령 제3조 제1항 제3호),

이에 따라 금융소비자 보호에 관한 감독규정(이하 '규정')은 은행법·상호저축은행법에 따른 은행 외에도 농협·수협·신협·상호저축은행 및 종합금융회사 등이 계약에 따라 금융소비자로부터 금전을 받고 장래에 그 금전과 그에 따른 이자 등의 대가를 지급하기로 하는 계약을 모두 예금성 상품에 포함시키고 있다(규정 제3조 제1호).

2. 대출성 상품

통상적으로 대출은 금융회사와 금융소비자 사이의 금전소비대차 계약의 체결을 의미하나, 본 법은 그 외에도 여신전문금융업법에 따른 신용카드·시설대여·연불판매·할부금융과 같은 신용공여 및 이와 유사한 것으로서 대통령령으로 정하는 금융상품을 모두 대출성 상품으로 정의하고 있다(법 제3조 제2호).

대출성 상품과 관련하여 시행령 제2조 제1항은 「대부업 등의 등록 및 금융이용자 보호에 관한 법률」에 따른 대부, 「온라인투자연계금융업 및 이용자 보호에 관한 법률」에 따른 연계투자 및 연계대출, 「전자금융거래법」에 따른 소액후불결제, 「중소기업은행법」 또는 「한국산업은행법」에 따른 대출을 규정하고 있고, 감독규정을 통하여 신협의 대출과 농협, 수협, 보험회사 및 종합금융회사 등의 대출 및 이와 유사한 행위를 모두 대출성 상품으로 폭넓게 규정하고 있다. 이에 따라 주택담보대출, 신용대출, 보험약관대출, 보험사의 담보대출, 카드론, 신용거래 융자, 대차거래, 관리형 신탁 및 투자성없는 신탁을 제외한 신탁, P2P 연계투자 등이 대출성 상품에 해당한다.

대출성 상품과 관련하여 보험사의 보험약관대출이 대출성 상품에 해당하는지 여부에 대하여 견해의 대립이 있다. 보험약관대출은 소비대차계약이 아닌 보험자가 장차 지급하여야 할 보험금이나 해약환급금을 미리 지급하는 선급금이라고 보는 견해(선급설)[14]와 보험약관대출은 보험자가 보험금·해약환급금 등 약관상 지급채무가 발생하는 경우 여기에서 대출원리금을 상계한 후 지급하기로 약정한 특수한 소비대차로 보는 견해(소비대차설)[15] 및 약관대출이 소비대차적 요소와 선급적 요소가 혼합된 복잡한 성질을 띠고 있으므로 구체적인 문제와 관련하여 개별적 해결을 모색해야 한다는 견해(절충설)[16] 등이 있다. 종래 대법원은 소비대차설의 입장[17]이었으나 2007년에 선급설로 입장을 변경하였다.[18]

3. 투자성 상품

통상 투자성 상품은 주식 및 채권, 자기발행증권, 펀드, 신탁 등과 같이 투자수익이 발생하는 금융상품으로서 예금성 상품과 달리 원금이 보장되지 않는 상품을 의미한다. 금융소비자보호법상 투자성 상품은 자본시장법상 금융투자상품 및 이와 유사한 것으로(법 제3조 제3호), 대통령령으로 정하는 것으로 구체적으로는 연계투자, 신탁계약, 투자일임계약 및 자본시장법 제3조 제1항에 따른 투자성이 있는 금융상품이 이에 해당한다(령 제3조 제3항, 규정 제3조 제3호). 이처럼 투자성 상품은 자본시장법상 금융투자상품과 직접적으로 연관되어 있어 자본시장법상 금융투자상품이 무엇인지 살필 필요가 있다.

자본시장법 제3조 제1항이 규정하고 있는 '금융투자상품'이란 이익을 얻거나 손실을 회피할 목적으로 현재 또는 장래의 특정 시점에 금전, 그 밖의 재산적 가치가 있는 것을 지급하기로 약정함으로써 취득하는 권리로서, 그 권리를 취득하기 위하여 지급하였거나 지급하여야 할 금전등의 총액이 그 권리로부터 회수하였거나 회수할 수 있는 금전등의 총액을 초과하게 될 위험(이하 "투자성")이 있는 것을 말한다. 금융투자상품은 증권과 파생상품으로 구분되고 파생상품은 다시 장내파생상품과 장외파생상품으로 구분된다. 만기에 원금을 보장하지 않는 변액보험은 보장성 상품뿐만 아니라 투자성 상품에도 해당된다.

---

14) 정진세, "약관대출", 「상사법연구(정진세 교수 정년기념)」, 2001, 864면; 김형두, "생명보험약관에 기한 보험약관대출의 법적 성격", 「사법」, 제2호, 2007, 259면; 정진옥, "보험약관대출의 법적 성질," 「상사판례연구」, 제21집 제1호, 2008, 67면.
15) 종래 다수설의 입장임. 양승규, 「보험법」, 제4판, 삼지원, 2002, 472면; 최기원, 「상법학신론(하)」, 박영사, 제15판, 2008, 805면; 이기수·최병규·김인현, 「보험·해상법」, 박영사, 제8판, 2008, 361면; 김성태, 「보험법강론」, 법문사, 2001, 830면; 최준선, 보험법·해상법, 삼영사, 제2판, 326면.
16) 일본의 다수설임. 西嶋梅治, "約款貸付金解約返戾金相殺", 三宅一夫先生追悼論文集 「保險法의 現代的 課題」, 法律文化社(1993), 333; 한기정, "보험약관대출의 법적 성격에 관한 연구", 「서울대학교 법학」 제49권 제4호, 2008, 600면.
17) 대법원 1997. 4. 8. 선고 96다51127 판결
18) 대법원 2007. 9. 28. 선고 2005다15598 전원합의체 판결

4. 보장성 상품

보장성 상품 중 대표적인 것이 바로 보험으로, 본 법 역시 보험업에 따른 보험상품을 보장성 상품으로 정의하고(법 제3조 제4호), 그 외 보장성 상품에 대하여는 대통령령에 위임하고 있다. 시행령에 따르면 신용협동조합법에 따른 공제 및 보험과 유사한 것으로서 금융위원회가 정하여 고시하는 금융상품이라고 정하고 있는데, 현재 별도로 고시된 상품은 없다.

보험업법상 보험상품은 "위험보장을 목적으로 우연한 사건 발생에 관하여 금전 및 그 밖의 급여를 지급할 것을 약정하고 대가를 수수하는 계약"으로서 생명보험상품,[19] 손해보험상품,[20] 제3보험상품[21]을 포함한다(보험업법 제2조 제1호).

보험의 종류는 다양한 기준으로 구분이 가능한데, 그 중 공보험과 사보험에 의한 구분이 있다. 이는 목적에 따른 구분으로서, 4대보험과 같은 공보험은 공공정책의 실현을 목적으로 하고 사보험은 순수한 사경제적 작용을 목적으로 한다.[22] 보험업법에 의한 보험업은 사보험의 전형으로 보험회사가 운영하는 영리보험 또는 상호보험을 의미한다.

이와 구분되는 개념이 바로 공제인데, 일정한 단체의 구성원이 단체에 일정금액을 적립해두고 그 단체로 하여금 구성원 각자의 사생활 내지 사경제에 관한 사유가 있을 때 공동의 적립금에서 이를 구제함으로써 상호부조를 도모하는 것을 의미한다. 공제는 이미 존재하는 일정한 긴밀한 대인관계를 전제로 그러한 관계에 있는 사람들 상호 간의 상호부조를 도모한다는 점에서 보험과 차이가 있으나, 판례는 그 성격이 보험업법상 상호보험과 유사하므로 상법상 보험의 단기소멸시효 규정이 유추적용 될 수 있다고 판시하는 등,[23] 공제의 실질이 상호보험에 해당한다고 보고 있다.[24]

---

[19] 위험보장을 목적으로 사람의 생존 또는 사망에 관하여 약정한 금전 및 그 밖의 급여를 지급할 것을 약속하고 대가를 수수하는 계약.
[20] 위험보장을 목적으로 우연한 사건(다목에 따른 질병·상해 및 간병은 제외한다)으로 발생하는 손해(계약상 채무불이행 또는 법령상 의무불이행으로 발생하는 손해를 포함한다)에 관하여 금전 및 그 밖의 급여를 지급할 것을 약속하고 대가를 수수하는 계약
[21] 위험보장을 목적으로 사람의 질병·상해 또는 이에 따른 간병에 관하여 금전 및 그 밖의 급여를 지급할 것을 약속하고 대가를 수수하는 계약
[22] 한기정, 「보험업법」, 박영사, 2019, 31면.
[23] 대법원 1995. 3. 28. 선고 94다47094 판결.
[24] 공제는 비록 보험업법에 의한 보험사업은 아닐지라도 성질이 상호보험과 유사하고 중개업자가 그의 불법행위 또는 채무불이행으로 인하여 거래당사자에게 부담하게 되는 손해배상책임을 보증하는 보증보험적 성격을 가진 제도로서, 중개업자와 한국공인중개사협회 사이에 체결된 공제계약은 기본적으로 보험계약으로서의 본질을 가지고 있으므로, 적어도 공제계약이 유효하게 성립하기 위하여는 공제계약 당시에 공제사고의 발생 여부가 확정되어 있지 않아야 한다(대법원 2014. 10. 27. 선고 2014다212926 판결).

Ⅵ 금융상품판매업자 등의 영업행위 준수사항 마련

1. 영업행위 일반원칙

금융소비자보호법은 금융상품판매업자 등의 영업행위 준수사항을 규정함에 앞서 영업행위 준수사항에 관한 규정 해석 기준을 별도로 명시하고 있다(법 제13조). 이에 따르면 영업행위 준수사항을 해석·적용하려는 경우 금융소비자의 권익을 우선적으로 고려하고, 금융상품 또는 계약관계의 특성 등에 따라 금융상품 유형별 또는 금융상품판매업자등의 업종별로 형평에 맞게 해석·적용하여야 한다.

금융소비자보호법이 이러한 해석기준을 규정한 것은 금융업종별로 적용되는 법률이 금융업권별 법률과 금융소비자보호법으로 이원화(二元化)됨에 따라 이를 체계적으로 운영하기 위한 해석기준을 규정한 것으로 이해할 수 있다.[25] 특히 금융소비자보호법 제13조 전단의 규정은 다른 법률에서는 일반적으로 보기 어려운 규정으로 약관의 규제에 관한 법률(이하 '약관규제법') 제5조 제2항에서 규정하고 있는 작성자불이익의 원칙과 유사한 규정이라 할 수 있으나 동 규정은 약관규제법보다 강한 내용을 담고 있다.

또한 금융상품판매업자등은 금융상품 또는 금융상품자문에 관한 계약의 체결, 권리의 행사 및 의무의 이행을 신의성실의 원칙에 따라 하여야 하고(법 제14조 제1항), 업무의 내용과 절차를 공정히 하여야 하며, 정당한 사유 없이 금융소비자의 이익을 해치면서 자기가 이익을 얻거나 제3자가 이익을 얻도록 해서는 아니 된다(법 제14조 제2항).
이와 같이 금융소비자보호법이 신의성실의무를 금융상품판매업자등의 의무로 규정하고 있다고 해서 금융소비자의 신의성실의무가 면제되는 것은 아니며, 당연히 금융소비자도 민법상 신의성실의무를 부담한다.

마지막으로 차별금지 조항이 도입되어 금융상품판매업자는 성별·학력·장애·사회적 신분 등을 이유로 계약조건에 관하여 금융소비자를 부당하게 차별해서는 아니 된다(법 제15조). 다만 금융소비자보호법이 차별을 금지한다고 하여 대출자의 권리 구제방법을 결정하기 위한 목적으로 묻는 것과 같이 묻거나 조사하는 행위가 원천적으로 봉쇄된 것은 아니다.[26]

---

[25] 같은 뜻, 노태석, "금융소비자보호에 관한 법률안상의 판매행위 규제에 관한 검토", 소비자문제연구 제44권 제1호, 한국소비자원(2013), 112면; 한창희, "금융소비자보호법안상의 영업행위준수사항", 금융법학 제5호, 국민대학교(2013), 5면; 윤민섭, 전게논문, 12면 재인용.
[26] 안수현, 전게논문, 9쪽 각주 3번

2. 영업행위 준수사항

금융소비자보호법은 금융소비자가 자신의 연령, 재산상황 등에 적합한 금융상품 계약을 체결할 수 있도록 보장성 상품의 위험보장범위, 대출성 상품의 금리 및 중도상환수수료 부과 여부 등 금융상품의 중요사항에 대한 설명의무, 금융상품 등에 관한 광고에 포함시켜야 하는 사항 및 금융상품판매대리·중개업자의 업무내용 고지의무 등 영업행위 준수사항을 금융상품의 유형 및 금융상품판매업자등의 업종에 따라 마련하였다.

이를 개괄적으로 살펴보면, 먼저 금융상품에 대한 상품규제 및 금융상품판매업자 등에 대한 규제를 강화하였다. 즉, 투자성상품 외에 대출성상품에도 적합성원칙과 적정성원칙을 적용하였고, 대출모집인 등록 근거를 명문화하였으며, 대출모집인에게도 금융상품판매업자와 동일한 행위규제를 적용하였다. 금융소비자보호법상 영업행위 준수사항을 표로 정리하면 다음과 같다.

금융소비자보호법상 영업행위 준수사항

구 분	내 용	대상 상품
적합성원칙 (제17조)	금융소비자 재산상황 등에 비추어 부적합한 상품의 구매권유 금지	투자성·대출성 상품, 일부 보장성 상품
적정성원칙 (제18조)	금융소비자가 자발적으로 구매하려는 상품이 부적정한 경우의 고지의무	일부 보장성·투자성·대출성 상품
설명의무 (제19조)	금융소비자가 알아야할 금융상품의 중요한 내용 설명의무	모든 유형
불공정영업행위금지 (제20조)	소비자의 의사에 반한 계약체결 강요, 부당한 담보·보증의 요구 등의 금지	대출성상품
부당권유금지 (제21조)	단정적 판단·허위사실의 고지 등 소비자보호를 해할 우려가 있는 행위 금지	모든 유형
광고관련 준수사항 (제22조)	금융상품 광고시 준수사항 및 금지사항 규제	모든 유형
계약서류 제공의무 (제23조)	금융상품판매계약 체결 시 계약서류 제공의무	모든 유형

금융상품판매업자 등이 이러한 영업행위 준수사항을 위반하면 징벌적 과징금 및 손해배상책임의 대상이 된다. 특히 설명의무를 위반하여 금융소비자에게 손해를 발생시킨 경우 고의 또는 과실 여부 및 손해액에 대한 증명책임을 전환시키도록 하여 금융소비자를 보호하고 금융상품판매업자 등의 손해배상 책임을 강화하였다.

한편 금융상품직접판매업자 및 금융상품자문업자는 금융소비자와 금융상품 또는 금융상품자문에 관한 계약을 체결하는 경우 금융상품의 계약서, 약관, 설명서를 제공하여야 한다(법 제23조).

Ⅶ 금융상품판매업자 등의 사후책임 강화

1. 금융소비자의 청약철회권

청약철회권은 일정한 기간 이내라면 그 사유를 묻지 않고 계약으로부터 벗어날 수 있는 권한을 소비자에게 부여함으로써 소비자를 두텁게 보호하려는 제도로서, 금융소비자보호법은 대통령령으로 정하는 보장성상품, 투자성 상품, 대출성 상품 또는 금융상품자문에 관한 계약의 청약을 한 일반금융소비자에게 청약철회권을 인정하고 있다(법 제46조).

청약철회권을 행사할 수 있는 기간은 금융상품의 종류에 따라서 상이한데,[27] 해당 기간들은 기존에 자본시장법, 보험업법, 업권별 표준약관을 통하여 실시되어 오던 청약철회기간과 대동소이하다[28]. 예컨대 보장성 상품은 보험증권을 받은 날부터 15일과 청약을 한 날부터 30일 중 먼저 도래하는 기간인데 이는 종전 보험업법 제102조의 4의 규정과 동일하다.

한편 금융소비자보호법 시행령은 매우 제한적으로 자본시장법에 따른 '고난도투자상품' 관련 계약에만 청약철회권을 인정하고 있는데(령 제37조 제1항 제2호), 투자성 상품에 청약철회권의 적용을 확대하는 것은 보다 심도 있는 논의가 필요할 것이다.

---

[27] 제46조(청약의 철회) ① 금융상품판매업자등과 대통령령으로 각각 정하는 보장성 상품, 투자성 상품, 대출성 상품 또는 금융상품자문에 관한 계약의 청약을 한 일반금융소비자는 다음 각 호의 구분에 따른 기간(거래 당사자 사이에 다음 각 호의 기간보다 긴 기간으로 약정한 경우에는 그 기간) 내에 청약을 철회할 수 있다.
  1. 보장성 상품: 일반금융소비자가 「상법」 제640조에 따른 보험증권을 받은 날부터 15일과 청약을 한 날부터 30일 중 먼저 도래하는 기간
  2. 투자성 상품, 금융상품자문: 다음 각 목의 어느 하나에 해당하는 날부터 7일
     가. 제23조제1항 본문에 따라 계약서류를 제공받은 날
     나. 제23조제1항 단서에 따른 경우 계약체결일
  3. 대출성 상품: 다음 각 목의 어느 하나에 해당하는 날[다음 각 목의 어느 하나에 해당하는 날보다 계약에 따른 금전·재화·용역(이하 이 조에서 "금전·재화등"이라 한다)의 지급이 늦게 이루어진 경우에는 그 지급일]부터 14일
     가. 제23조제1항 본문에 따라 계약서류를 제공받은 날
     나. 제23조제1항 단서에 따른 경우 계약체결일
[28] 다만, 기존 법령상 기산점이 금융투자상품은 계약서류를 교부받은 날부터, 대출성 상품은 대출계약 체결일부터이던 것을 일관하여 계약서류를 제공받은 날로 정하고, 대출성 상품의 경우 계약서보다 금전등의 지급이 늦게 이루어진 경우에 그 지급일부터로 기산점을 달리 정한 것에만 차이점이 있다.

2. 위법계약해지권의 신규도입

(1) 의 의

위법계약해지권이란 금융상품판매업자등이 금융소비자보호법상의 7가지 영업행위 준수사항 중 적합성원칙, 적정성원칙, 설명의무, 불공정 영업행위금지, 부당권유금지의 5대 판매행위규제원칙을 위반하여 금융상품에 관한 계약을 체결한 경우, 금융소비자가 계약체결일부터 5년 이내에 서면 등으로 계약을 해지할 수 있는 권리로서 금융소비자보호법을 통하여 처음으로 도입된 제도이다.

금융상품판매계약은 민법상 계속적 계약이므로 그 특성상 기간이 장기간이거나 기간의 정함이 없는 경우가 많다. 따라서 계약 중에 현저한 사정변경이나 계약자 중 일방의 계약상 의무 위반 등의 계약관계를 종료하여야 할 사정의 변경이 발생하는 경우가 많은데, 민법에 계속적 계약의 해지에 관한 일반 규정이 없고, 금융상품 관련 개별법들 또한 이에 관하여 정하지 않고 있어, 불완전판매 등 금융상품의 계약 체결과정에서 위법성이 인정되더라도 청약철회권의 행사기간 등이 도과하면 계약 자체는 유효하므로 소비자에게 불리한 계약이 계속 유지되는 문제가 있었다.

이러한 경우, 종전에는 기존의 계약관계를 종료하기 위해서는 약관에 기한 임의해지권을 행사하거나 민법에 따른 계약해제를 청구하여야 했는데, 임의해지권을 행사하게 되면 기존의 납입금을 상당부분 반환받지 못하게 되고, 해제권을 행사하기 위해서는 소송을 통해 계약해제사유를 주장·입증하여야 한다는 어려움이 있었다. 또한 계약 해제 후에도 해제의 소급효로 인한 원상회복의 범위 등이 문제가 되어, 실무에서 이와 같은 판매업자의 채무불이행을 원인으로 한 계약해제는 일반적으로 사용되는 소송의 형태가 아니었다. 따라서 이와 같은 문제의식을 반영하여 금융소비자보호법은 일정한 경우 계약관계의 종결을 인정하는 위법계약해지권을 새로이 도입하였는데, 해지 수수료나 위약금 등의 불이익 없이 위법한 계약으로부터 벗어날 수 있는 기회를 금융소비자에게 제공하는 것이 이 제도의 의의라 할 수 있다.[29]

다만 위법계약해지권은 금융소비자가 위법한 계약에 대한 해지행위로 인하여 발생하는 재산상의 불이익을 해지시점 이후부터 받지 않도록 하는 제도이므로 위법한 계약에 의하여 발생한 기왕의 손해에 대한 배상을 요구하는 손해배상청구권과는 구별되어야 한다.

---

29) 법무법인 지평, 금융소비자보호법 해설, 박영사, 215면.

(2) 적용범위

위법계약해지권의 행사주체는 금융소비자이고 행사객체는 금융상품판매업자등이다. 특히 금융상품판매업자등의 위법한 영업행위에 대응하여 금융소비자의 일방적인 해지권을 보장하는 것이므로 일반 금융소비자뿐만 아니라 전문 금융소비자에게도 동 권리가 보장된다.

한편 위법계약해지권은 모든 금융상품에 적용되는 것이 아니라 '대통령령에 정한 금융상품'에 대하여 적용된다(법 제47조 제1항). 시행령과 감독규정에 따르면 '금융소비자와 금융상품직접판매업자 또는 금융상품자문업자 간 계속적 거래가 이루어지고 금융소비자가 해지 시 재산상 불이익이 발생하는 금융상품'이 그 적용대상이다. 다만 ①「온라인투자연계금융업 및 이용자 보호에 관한 법률」에 따른 온라인투자연계금융업자와 체결하는 계약, ② 자본시장법에 따른 원화로 표시된 양도성 예금증서, ③ 자본시장법 시행령에 따른 표지어음은 적용이 제외된다(규정 제31조 제1항). 따라서 중도 해지시 적용 이율의 불이익이 발생할 수 있는 적금, 중도환매수수료가 부과되는 펀드, 중도상환수수료가 부과되는 대출, 보험업법에 따른 보험상품이 위법계약해지권의 대상이 된다. 금융감독원은 중도환매가 불가한 폐쇄형 사모펀드 또한 위법계약해지권 행사의 대상이 된다는 입장이다.[30]

---

[30] 2021. 03. 17. 금융감독원, 금융소비자보호법 FAQ 답변(2차), 8면.

제2장 위법계약해지권의 주요 내용

금융소비자보호법

제47조(위법계약의 해지) ① 금융소비자는 금융상품판매업자등이 제17조 제3항, 제18조 제2항, 제19조 제1항·제3항, 제20조 제1항 또는 제21조를 위반하여 대통령령으로 정하는 금융상품에 관한 계약을 체결한 경우 5년 이내의 대통령령으로 정하는 기간 내에 서면등으로 해당 계약의 해지를 요구할 수 있다. 이 경우 금융상품판매업자등은 해지를 요구받은 날부터 10일 이내에 금융소비자에게 수락여부를 통지하여야 하며, 거절할 때에는 거절사유를 함께 통지하여야 한다.
② 금융소비자는 금융상품판매업자등이 정당한 사유 없이 제1항의 요구를 따르지 않는 경우 해당 계약을 해지할 수 있다.
③ 제1항 및 제2항에 따라 계약이 해지된 경우 금융상품판매업자등은 수수료, 위약금 등 계약의 해지와 관련된 비용을 요구할 수 없다.
④ 제1항부터 제3항까지의 규정에 따른 계약의 해지요구권의 행사요건, 행사범위 및 정당한 사유 등과 관련하여 필요한 사항은 대통령령으로 정한다.

금융소비자보호법 시행령

제38조(위법계약의 해지) ① 법 제47조 제1항 전단에서 "대통령령으로 정하는 금융상품"이란 금융소비자와 금융상품직접판매업자 또는 금융상품자문업자 간 계속적 거래가 이루어지는 금융상품 중 금융위원회가 정하여 고시하는 금융상품을 말한다.
② 법 제47조 제1항 전단에서 "대통령령으로 정하는 기간"이란 금융소비자가 계약 체결에 대한 위반사항을 안 날부터 1년 이내의 기간을 말한다. 이 경우 해당 기간은 계약체결일부터 5년 이내의 범위에 있어야 한다.
③ 금융소비자는 법 제47조 제1항 전단에 따라 계약의 해지를 요구하려는 경우 금융위원회가 정하여 고시하는 해지요구서에 위반사항을 증명하는 서류를 첨부하여 금융상품직접판매업자 또는 금융상품자문업자에게 제출해야 한다. 이 경우 「자동차손해배상 보장법」에 따른 책임보험에 대해 해지 요구를 할 때에는 동종의 다른 책임보험에 가입해 있어야 한다.
④ 법 제47조 제2항에 따른 정당한 사유의 범위는 다음 각 호와 같다.
  1. 위반사실에 대한 근거를 제시하지 않거나 거짓으로 제시한 경우
  2. 계약 체결 당시에는 위반사항이 없었으나 금융소비자가 계약 체결 이후의 사정변경에 따라 위반사항을 주장하는 경우
  3. 금융소비자의 동의를 받아 위반사항을 시정한 경우
  4. 그 밖에 제1호부터 제3호까지의 경우에 준하는 것으로서 금융위원회가 정하여 고시하는 경우
⑤ 제1항부터 제4항까지에서 규정한 사항 외에 해지요구권의 행사 방법 및 절차 등에 관하여 필요한 세부 사항은 금융위원회가 정하여 고시한다.

금융소비자 보호에 관한 감독규정

제31조(위법계약의 해지) ① 영 제38조제1항에서 "금융위원회가 정하여 고시하는 금융상품" 이란 금융소비자와 금융상품직접판매업자 또는 금융상품자문업자 간 계속적 거래(계약의 체결로 「자본시장과 금융투자업에 관한 법률」 제9조제22항에 따른 집합투자규약이 적용되는 경우에는 그 적용기간을 포함한다)가 이루어지고 금융소비자가 해지 시 재산상 불이익이 발생하는 금융상품 중 다음 각 호의 금융상품을 제외한 것을 말한다.
  1. 「온라인투자연계금융업 및 이용자 보호에 관한 법률」에 따른 온라인투자연계금융업자와 체결하는 계약
  2. 「자본시장과 금융투자업에 관한 법률」에 따른 원화로 표시된 양도성 예금증서
  3. 「자본시장과 금융투자업에 관한 법률 시행령」에 따른 표지어음
  4. 그 밖에 제1호부터 제3호까지의 규정과 유사한 금융상품
② 영 제38조제3항에 따라 금융소비자가 금융상품직접판매업자 또는 금융상품자문업자에게 제출해야 하는 문서(이하 "계약해지요구서"라 한다)는 다음 각 호의 사항을 작성한 문서를 말한다.
  1. 금융상품의 명칭
  2. 법 위반사실
③ 금융소비자가 법률에 따라 가입의무가 부과되고 그 해제·해지도 해당 법률에 따라 가능한 보장성 상품에 대해 법 제47조제1항 전단에 따라 계약의 해지를 요구하려는 경우에는 동종의 다른 보험에 가입되어 있어야 한다.
④ 영 제38조제4항제4호에서 "금융위원회가 정하여 고시하는 경우"란 다음 각 호의 어느 하나에 해당하는 경우를 말한다.
  1. 금융상품판매업자등이 계약의 해지 요구를 받은 날부터 10일 이내에 법 위반사실이 없음을 확인하는데 필요한 객관적·합리적인 근거자료를 금융소비자에 제시한 경우. 다만, 10일 이내에 금융소비자에 제시하기 어려운 경우에는 다음 각 목의 구분에 따른다.
    가. 계약의 해지를 요구한 금융소비자의 연락처나 소재지를 확인할 수 없거나 이와 유사한 사유로 법 제47조제1항 후단에 따른 통지기간 내 연락이 곤란한 경우: 해당 사유가 해소된 후 지체 없이 알릴 것
    나. 법 위반사실 관련 자료 확인을 이유로 금융소비자의 동의를 받아 법 제47조제1항 후단에 따른 통지기한을 연장한 경우: 연장된 기한까지 알릴 것
  2. 금융소비자가 금융상품판매업자등의 행위에 법 위반사실이 있다는 사실을 계약을 체결하기 전에 알았다고 볼 수 있는 명백한 사유가 있는 경우

제1절 위법계약해지권의 요건 및 절차

위법계약해지권은 2단계 구조를 가지고 있다. 먼저 일정한 요건이 충족된 경우 금융소비자는 해지요구권을 행사할 수 있으며, 금융상품판매업자등이 정당한 사유 없이 해지요구를 따르지 않는 경우 금융소비자는 해당 계약을 해지할 수 있다.

I 해지요구권

금융소비자는 ① 금융상품판매업자등이 영업행위 준수사항 중 판매행위 규제원칙을 위반하여 ② 금융상품에 관한 계약을 체결한 경우, ③ 위법사실을 안 날로부터 1년 및 계약 체결일로부터 5년 이내에 ④ 서면등으로 계약의 해지를 요구할 수 있다(법 제47조 제1항, 령 제38조 제2항).

1. 대상상품

해지요구권을 행사할 수 있는 금융상품은 모든 금융상품을 의미하는 것이 아니라 금융소비자와 금융상품직접판매업자 또는 금융상품자문업자 간 계속적 거래가 이루어지고 금융소비자가 해지 시 재산상 불이익이 발생하는 금융상품만 해당된다. 다만 「온라인투자연계금융업 및 이용자 보호에 관한 법률」에 따른 온라인투자연계금융업자와 체결하는 계약과 「자본시장과 금융투자업에 관한 법률」에 따른 원화로 표시된 양도성 예금증서, 「자본시장과 금융투자업에 관한 법률 시행령」에 따른 표지어음은 제외된다(규정 제31조 제1항). 또한 중도해지가 자유롭고 재산상 불이익이 발생하지 않는 주식매매거래, 자유입출금식예금 등도 위법계약해지권의 대상이 되지 않는다.

2. 해지요구사유

금융상품판매업자등이 부적합 상품을 권유하거나(법 제17조 제3항), 부적정사실 고지의무를 위반하거나(법 제18조 제2항), 설명의무를 위반하거나(법 제19조 제1항 및 제3항), 불공정영업행위를 하거나(법 제20조 제1항), 부당권유행위(법 제21조)를 한 경우에 금융소비자는 해지요구권을 행사할 수 있다.

3. 행사기간

해지요구권은 위법사실을 안 날로부터 1년 이내에 행사하여야 하며, 이 경우 해당 기간은 계약체결일부터 5년 이내의 범위에 있어야 한다(령 제38조 제2항).

4. 행사방법

계약의 해지를 원하는 금융소비자는 금융위원회가 정하여 고시하는 해지요구서에 위반사항을 증명하는 서류를 첨부하여, 금융상품직접판매업자 또는 금융상품자문업자에게 제출해야 하고(령 제38조 제3항), 해당 서류에는 금융상품의 명칭과 법 위반사실을 기재하여야 한다(규정 제31조 제2항).

5. 금융상품판매업자등의 수락여부

금융상품판매업자등은 해지를 요구받은 날부터 10일 이내에 수락여부를 통지하여야 한다. 금융상품판매업자등이 해지요구를 거절할 때에는 거절사유를 함께 통지하여야 한다(법 제47조 제1항).

Ⅱ 해지권

금융소비자는 금융상품판매업자등이 정당한 사유 없이 해지요구를 따르지 않는 경우 해당 계약을 해지할 수 있다(법 제47조 제2항).

여기서 '정당한 사유'의 범위와 관련하여 금융소비자보호법 시행령 제38조 제4항은 ① 금융소비자가 위반사실에 대한 근거를 제시하지 않거나 거짓으로 제시한 경우, ② 계약 체결 당시에는 위반사항이 없었으나 금융소비자가 계약 체결 이후의 사정변경에 따라 위반사항을 주장하는 경우, ③ 금융소비자의 동의를 받아 위반사항을 시정한 경우, ④ 그 밖에 제1호부터 제3호까지의 경우에 준하는 것으로서 금융위원회가 정하여 고시하는 경우를 들고 있으며, 금융소비자 보호에 관한 감독규정 제31조 제4항은 ⅰ) 금융상품판매업자등이 계약의 해지 요구를 받은 날부터 10일 이내에 법 위반사실이 없음을 확인하는데 필요한 객관적·합리적인 근거자료를 금융소비자에 제시한 경우[31] 와 ⅱ) 금융소비자가 금융상품판매업자등의 행위에 법 위반사실이 있다는 사실을 계약을 체결하기 전에 알았다고 볼 수 있는 명백한 사유가 있는 경우도 정당한 사유에 해당한다고 규정하고 있다.

---

[31] 다만, 10일 이내에 금융소비자에 제시하기 어려운 경우에는 계약의 해지를 요구한 금융소비자의 연락처나 소재지를 확인할 수 없거나 이와 유사한 사유로 법 제47조제1항 후단에 따른 통지기간 내 연락이 곤란한 경우에는 해당 사유가 해소된 후 지체 없이 알려야 하며, 법 위반사실 관련 자료 확인을 이유로 금융소비자의 동의를 받아 법 제47조제1항 후단에 따른 통지기한을 연장한 경우에는 연장된 기한까지 알려야 한다(규정 제31조 제4항 제1호 단서).

제2절 위법계약해지권의 효과

 법 제47조 제1항에 따라 금융상품판매업자등이 금융소비자의 해지요구를 수락하거나 법 제47조 제2항에 따라 금융소비자가 해지하는 경우, 금융소비자와 금융상품판매업자등이 맺었던 해당 계약은 장래를 향하여 효력을 상실하게 된다.

I 해지의 효력 발생시점

 금융소비자의 해지요구를 금융상품판매업자등이 수락한 경우에는 금융상품판매업자등의 수락통지가 금융소비자에게 도달한 날 해지의 효력이 발생한다. 만약 금융소비자의 해지요구를 금융상품판매업자등이 정당한 사유 없이 거절하여 금융소비자가 해당 계약을 해지하는 경우에는 금융소비자의 해지의 의사표시가 금융상품판매업자등에게 도달한 날 해지의 효력이 발생한다.

II 금융상품판매업자등의 금전반환의 범위

1. 부당이득반환의 문제

 위법계약해지권의 행사되면 해당 계약은 해지의 효력 발생시점부터 효력을 상실하게 되므로 이후 해지금액을 반환하지 않는다면 이는 민법상 부당이득에 해당하게 된다. 따라서 부당이득반환청구소송을 제기하여 이를 받아낼 수 있다.

2. 해지비용 청구의 문제

 위법계약해지권의 행사로 인하여 해당 계약이 해지된 경우, 금융상품판매업자등은 수수료, 위약금 등 계약의 해지와 관련된 비용을 요구할 수 없다(법 제47조 제3항). 일반적으로 계약해지와 관련하여 발생하는 수수료나 위약금 같은 해지비용은 해지권을 행사하는 자가 부담하는 것이 원칙이나, 금융소비자보호법은 위법계약해지권의 행사로 인하여 발생하는 비용을 해지권을 행사하는 금융소비자가 아니라 해지권의 상대방이 되는 금융상품판매업자등이 책임을 지도록 하고 있다. 이는 위법한 금융계약으로 인하여 금융소비자가 받은 재산상의 불이익을 장래를 향하여 제거하여 금융소비자를 보호하려는 위법계약해지권의 도입 취지에 부합하는 제도로 할 것이다.

제3장 위법계약해지권 행사와 관련된 법적 쟁점

제1절 서 설

 위법계약해지권을 행사하기 위해서는 금융상품판매업자가 ① 영업행위 준수사항 중 판매행위 규제원칙을 위반하여 ② 금융상품에 관한 계약을 체결하여야 하고, 금융소비자가 ③ 위법사실을 안 날로부터 1년, 계약 체결일로부터 5년 이내에 ④ 서면 등으로 계약의 해지를 요구하여야 한다(법 제47조 제1항). 그러나 위법계약해지권 규정을 면밀히 살펴보면 행사요건의 해석에 있어서 다의적인 해석의 여지가 있는 부분들이 상당수 있는 것을 알 수 있다.

 첫째, 제1항과 제2항의 규정형식이 서로 달라 위법계약해지권을 형성권으로 볼 것인지, 청구권으로 볼 것인지, 혹은 청구권과 형성권이 혼재되어 있는 권리로 볼 것인지가 불분명하다. 이는 금융소비자의 위법계약해지권 행사의 효과와 직결되는 문제이기도 한데, 이를 제2절에서 자세히 살펴보기로 한다.

 둘째, 위법계약해지권 조문의 규정상 고의, 과실을 별도로 요구하지 않고 있어 해지권의 행사에 유책사유를 불요로 하는 것인지 정확히 알 수 없고, 유책사유 유무를 불문하고 일의적으로 해지권을 인정하는 것이 적절한지에 대한 의문이 제기될 수 있다. 따라서 위법계약해지권의 행사 요건에 있어서 금융상품판매업자 등의 고의, 과실을 요구한다고 보아 그 행사를 제한할 수 있을지에 대한 검토가 필요한데, 이를 제3절에서 자세히 논해 보도록 한다.

 셋째, '위반하여 ~계약 체결'이라는 법문이 판매행위 규제원칙 위반행위와 계약 체결이라는 결과 사이에 인과관계를 내포한 것인지, 혹은 단순한 시간적 순서에 따른 나열에 불과한지도 불분명한 부분이 있어, 위법계약해지권의 행사에 인과관계가 필요하다고 볼 것인지 여부에 대하여도 살펴보아야 할 필요가 있다. 이를 제4절에서 검토하도록 한다.

 넷째, 위법계약해지권의 행사 기간은 안 날로부터 1년, 계약 체결 시로부터 5년이다. 기존의 청약 철회권과 비교할 때 매우 장기간동안 계약 당사자 일방에게 법정 계약 종료권을 부여하고 있어 법적안정성을 지나치게 저해하고 계약을 장기간 유동적인 상태에 두고 있다는 지적이 있는 반면, 계약 성립의 기초에 중대한 하자가 있는 경우이므로 당사자 사이의 신뢰관계가 크게 저해되어 계약상대방이 이를 알게 된 때에는 기간의 제한 없이 계약관계의 종료를 인정하여야 한다는 의견 또한 있을 수 있다. 따라서 안 날로부터 1년, 계약 체결 시로부터 5년으로 행사기간을 제한하는 것이 적절한지에 대하여도 살펴볼 필요성이 있는데, 이를 제5절에서 검토하도록 한다.

제2절 위법계약해지권의 법적 성격

I 형성권의 의의

형성권(Gestaltungsrecht)은 19세기 후반에 그 기초가 마련되어 20세기 초반에 확립된 법개념으로서,[32] 1903년 독일 학자 Emil Seckel이 최초로 형성권이라는 용어를 사용하였다고 전해지고 있다.[33] 보통 형성권이란 "권리자의 일방적인 의사표시만으로 법률관계를 발생, 변경, 소멸시키는 권리"라고 정의하는 것이 일반적인데,[34] 계약 해제·해지권, 취소권, 상계권, 재판상 이혼청구권 등이 현재 형성권에 해당하는 전형적인 권리로 여겨지고 있다. 이러한 형성권은 법률관계의 형성에 있어 상대방의 동의나 협력을 요구하지 않는다는 점에서 상대방의 동의나 협력이 있어야 비로소 그 내용이 실현되는 청구권(Anspruchsrecht)와 구별된다.

금융소비자보호법은 금융소비자가 금융소비자보호법에 위반되는 금융상품에 대한 계약을 체결한 경우에는 계약의 해지를 요구할 수 있도록 하고(법 제47조 제1항), 상대방이 정당한 사유 없이 이를 거절할 경우에만 계약을 해지할 수 있다고 규정하고 있다(법 제47조 제2항). 이 규정에 따른 위법계약해지권이 ① 순수한 청구권인지 아니면 ② 금융소비자의 일방적인 의사표시에 의해 해지의 효과가 발생하는 형성권인지 아니면 ③ 제1항은 청구권에 관한 규정이고 제2항은 형성권에 관한 규정인지가 불분명하여 향후 이견이 발생할 수 있다. 따라서 독일 민법상 형성권 판단기준과 우리나라 민법상 형성권성 판단에 관한 논의들을 통하여 위법계약해지권의 형성권성에 대하여 고찰하고자 한다.

II 형성권성 판단기준

1. 독일 민법상 형성권의 성립

독일 민법이 형성권을 인정하는 취지는 다양하다. 우선 기본적으로 일정한 부류의 사람의 이익을 그 상대방의 이익보다 보호가치가 큰 것으로 보는 경우들이 있다. 예컨대 착오로 인한 취소(독일 민법 제119조), 사기·강박으로 인한 취소(제123조)의 경우, 취소권을 행사하는 자의 이익을 상대방의 이익보다 크다고 보아 취소권을 인정한다.

---

[32] 김영희, "형성권 논의의 의미", 「비교사법」 제11권 제4호, 한국비교사법학회, 2004. 09, 1면.
[33] 오수근, 전게논문, 222면.
[34] 송덕수, 전게서, 29면; 지원림, 전게서, 38~39면; 김준호, 전게서, 32면.

둘째로, 독일 민법은 일방 당사자의 잘못된 행위에 대해 불이익을 주기 위해 그 상대방에게 형성권을 인정하기도 한다. 예컨대, 이행지체를 원인으로 한 해제권(제323조), 중대한 사유로 인한 특별해지권(제543조) 등이 그러하다. 그밖에 상계와 같이 법적 거래의 효율성 측면에서 형성권을 인정하는 등 독일 민법은 입법자의 결정을 통하여 형성권을 인정하고 있다.

그렇다면 어떠한 권리가 형성권인지 여부를 판단하는 기준이 문제가 되는데, 이와 관련하여 독일의 통설은 일방적인 법률행위 또는 소송을 통해 자신 또는 타인의 구체적인 법률관계를 직접적으로 변동시키는지 여부를 그 기준으로 활용하고 있다. 여기에서 '법률관계의 변동'이란 법률관계의 발생·변경·소멸을 의미한다, 즉 형성권은 법률의 규정 또는 당사자간 합의로 성립하고 그 행사로 인하여 법률관계의 변동이 초래되고 별도의 집행절차를 필요로 하지 않아야 한다.

2. 국내 민사법상 형성권의 성립

일반적으로 우리나라 민법에서 형성권은 권리자의 의사표시만으로 법률관계를 변동시키는 권리라고 이해되고 있으며, 취소권과 해제권이 그 대표적인 예시로 인용된다. 형성권은 법률행위를 통해 행사되는 것이 일반적이나, 채권자취소권(민법 제406조), 혼인취소권(민법 제816조), 친생부인권(민법 제846조), 입양취소권(민법 제884조)과 같이 소송을 통하여 행사하도록 규정되어 있는 경우도 있다.[35] 소송을 통하여 법원의 청구인용 판결(형성판결)을 구하는 권리를 형성소권이라 하고, 형성판결이 있으면 직접적으로 법률관계의 변동이 일어난다. 형성소권이 실체법상 인정되는 형성권을 기반으로 한다는 점에서, 형성소권을 형성권의 하부 종류로서 사권의 체계에 정렬시킬 수 있다.[36] 이에 반하여 일반소권론에서는 형성소권을 소송법적 차원에서 바라보고, 실체법상 형성권과 소송법적 형성소권이 나란히 존재하고 형성소권이 형성권의 하부 종류가 아니라고 하나,[37] 형성권과 형성소권 모두 실체법상 권리를 바탕으로 한다는 점에서 통일적으로 파악하는 것이 유용하다고 할 것이다.[38]

이처럼 모든 형성권이 의사표시만으로 효력이 즉시 발생하는 것이 아니라 법원의 형성판결에 의하여 권리변동이 일어나는 경우, 의사표시 외에 별도의 추가요건이 필요한 경우 등 다양한 속성을 지닌 형성권이 존재함에도 현재의 정의는 이를 설명하기 어렵다는 지적이 있다. 구체적으로 ① 현재의 정의는 형성판결에 의하여 비로소 형성효가 발생하는 경우를 포괄하지 못하므로 "권리자의 일방적 행위에 의하여 법률

---

35) 오수근, 전게논문, 231면; 명순구, "이혼청구권이 형성권인가? 대판 1998. 4. 19. 96므1434에 대한 비판적 평가", 「저스티스」 제34권 제3호, 한국법학원, 2001, 262면.
36) 김영희, 상게논문, 145면.
37) 강연중, 민사소송법, 32면 이하; 이시윤, 신민사소송법, 182면 이하.
38) 이러한 관점에서 오늘날 독일의 다수설인 확대된 사권설(=확대된 형성권설) 또한 형성소권의 실체사법적 성격을 인정하고 있다.

관계를 변동시킬 수 있는 권리"로 보다 엄밀하게 정의하여야 한다는 견해와[39] ② 현재의 정의는 형성권 행사시점과 권리 변동시점이 다른 경우 및 공유지분 매수권 등과 같이 형성권 행사에 의사표시 외에 급부 제공행위가 추가로 요구되는 경우를 설명하기 어렵다는 한계가 있으므로 "일방적인 의사표시 또는 소 제기를 통해 법률관계의 변동을 촉발하는 힘을 내용으로 하는 권리"라고 정의하여야 한다는 견해[40] 등이 있다. 두 견해 모두 형성권의 정의에 형성소권을 통하여 법원에 형성판결을 받아야 하는 경우를 포함시켜야 한다는 점에 대하여 긍정하고 있고, 형성권 행사의 효과를 정의함에 있어서 현재의 '법률관계를 발생, 변경, 소멸하는 권리'라는 표현 대신 '법률관계의 변동'이라는 표현을 사용할 것을 주장한다.

생각건대, 형성권 제도는 법정책적 수단으로 활용될 수 있기 때문에 입법자와 법해석자가 법정책적인 차원에서 그 권리를 형성권으로 구성하는 일이 흔히 있게 되고, 성립 요건, 행사 방법, 행사의 효과, 존속 기간 등 다양한 조합을 이룬 형성권을 얼마든지 만들어 낼 수 있게 되었다.[41] 그 결과 '~ 할 수 있다'라고 형성권의 형식으로 규정된 것뿐 아니라, 공유물분할청구권, 채권자취소권, 차임증감청구권 등과 같이 '~을 청구할 수 있다'고 법률문언상 청구권의 형식을 취하고 있음에도 그 실질은 형성권에 해당되는 경우 또한 많아졌다. 즉, 어떠한 권리가 형성권인지 여부는 해당 문언의 표현 외에도 권리의 실질과 거래안전 등을 종합적으로 고려하여 판단하여야 한다.[42] 구체적으로 민법과 상법에서 형성권으로 일컬어지는 권리들을 살펴보면, 민법의 취소권(민법 제140조), 추인권(제143조 이하), 공유물분할청구권(제268조), 지상물·부속물 매수청구권(제283조, 제316조), 채권자취소권(제406조), 상계권(제492조), 계약의 해제·해지권(제543조), 환매권(제593조), 임대차의 차임 증감청구권(제628조), 재판상 이혼권(제840조), 상속 승인·포기권(제1019조) 등이 형성권에 해당한다. 또한 상법에서는 주식매수선택권(상법 제340조의2), 주주의 주식매수청구권(제360조의5 등), 전환사채 전환청구권(제515조), 신주인수권(제516조의9), 보험계약해지권(제651조), 보험료·보험금 감액청구권(제669조), 보험수익자지정·변경권(제734조) 등이 형성권이라 볼 수 있다.

또한 앞서 살핀 것과 같이 형성권은 그 행사로 권리관계의 변동을 가져오면 충분한 것이므로, 해당 권리관계와 관련된 모든 법적관계의 변동이 있어야만 형성권의 효과가 발생하는 것이 아니다. 예컨대 부속물매수청구권자가 부속물 매수를 청구하는 경우, 해당 의사표시만으로 부속물의 매수는 이루어진 것이고, 이때 권리변동이 일어난 것이다. 그 뒤 형성권 행사를 통하여 변동된 법적 지위를 바탕으로 등기청구

---

[39] 김진우, "형성권에 관한 재고", 「외법논집」 제26집, 한국외국어대학교 법학연구소, 2007. 5, 67면.
[40] 오수근, 전게논문, 234~236면 참조.
[41] 최준선, "형성권으로서의 주식매수청구권과 백지보충권에 관한 고찰", 「기업법연구」 제23권 제1호, 한국기업법학회, 2009, 11면.
[42] 부동산 물권의 변동을 목적으로 하는 권리를 형성권으로 보면 등기 없이 권리자의 의사표시만으로 법률관계의 변동이 생기는 것은 거래의 안전에 문제가 있으므로 형성권으로 보지 않는다는 견해가 그 예이다(오수근, 전게논문, 227면).

권이 발생하고, 등기를 완료하는 것은 별개의 과정이다. 이 등기청구권은 형성권인 부속물매수청구권과는 별개의 권리로서 청구권이며, 그 청구권을 행사할 수 있는 때로부터 별도의 시효가 진행한다.[43]

III. 위법계약해지권의 형성권성 검토

1. 문제의 소재

금융소비자보호법상 위법계약해지권(제48조 제1항)은 금융소비자가 계약의 해지를 요구할 수 있다고 함과 동시에 이에 대한 금융상품판매업자등의 '수락여부통지권'을 함께 규정하고 있다. 즉, 금융상품판매업자등은 수락 또는 거절을 할 수 있고 거절할 시에는 해지의 효과가 발생하지 않으므로 현재의 법규정상으로는 형성권이라기보다는 청구권에 해당한다고 해석될 여지가 크다. 그러나 위법계약해지권을 청구권으로 해석할 경우 손해배상청구와 시효의 문제가 발생할 수 있고,[44] 법문상 금융소비자의 해지청구에 대하여 상대방이 거절한 경우 그 거절에 정당한 사유가 없는 때에는 금융소비자가 바로 해지할 수 있도록 하여(제47조 제2항) 청구권이었던 권리가 형성권으로 변하는 것처럼 보이는 등 체계적합성의 측면에서도 문제점이 발생하게 된다. 법문과 동일하게 제1항을 청구권, 제2항을 형성권으로 볼 경우, 판매업자의 수락여부와 무관하게 소비자는 재차 정당한 사유가 없음을 주장하며 계약을 해지할 수 있고, 결국 위법계약해지권의 행사는 소송을 통한 판매업자의 거절사유의 정당성의 증명문제로 귀결된다. 따라서 이와 같은 문제점을 해결하기 위하여 법문에도 불구하고, 제도적 도입취지를 고려하여 논증하는 방안 등을 통해 형성권으로서의 성격을 살펴보아야 할 것이다.

2. 위법계약해지권의 제도적 취지의 고려

형성권의 정의에 관한 많은 논의들과 다양한 정의가 있으나, 이를 포괄하여 보면 형성권의 핵심은 권리자의 일방적 의사표시 또는 소제기와 같은 '권리자의 일방적 행위'에 의하여 법률관계의 발생, 변경, 소멸과 같은 '법률관계의 변동'을 가져오는 힘이라는 것이다. 물론 모든 형성권이 의사표시만으로 효력이 즉시 발생하는 것은 아니다. 법원의 형성판결에 의하여 권리변동이 일어나는 경우도 있고, 의사표시 외에 별도의 추가요건이 필요한 경우도 있으나, 청구권과 구별되는 형성권의 가장 본질적인 요소는 권리자의 일방적인 의사표시만으로 법률관계의 변동을 가져온다는 점이다.

---

43) 김진우, 전게논문, 64면; 최준선, 전게논문, 12면.
44) 이에 관련한 자세한 내용은 후술함.

그렇다면 청구권과 별도로 형성권이 필요한 이유는 무엇일까? 이는 바로 법률관계의 빠른 안정에 있다. 형성권은 제척기간이 적용되고 별도의 집행절차가 필요 없어 법률관계의 확정이 청구권에 비해 상대적으로 빠르다. 형성권의 이러한 속성을 활용하여, 어떠한 현상에 대처하여 새로운 권리를 규정할 때 또는 새로 규정된 어떤 권리의 법적 성질을 규명해야 할 때 입법자와 법해석자는 법정책적인 차원에서 해당 권리를 형성권으로 구성할 수 있을 것이다.[45]

시대가 급변함에 따라 다양한 유형의 금융상품이 만들어지고 있지만, 정보의 비대칭성으로 인하여 상품의 중요한 부분을 이해하지 못한 상태에서 금융과 관련된 계약을 체결하는 금융소비자가 늘고 있다. 따라서 이러한 금융소비자의 계약상의 열악한 지위를 보호하기 위하여 금융소비자보호법이 제정되었고, 불완전판매로 인하여 체결된 금융상품의 계약을 금융소비자에게 신속하고 간편한 해지권을 보장하겠다는 취지에서 위법계약해지권에 관한 규정이 금융소비자보호법에 들어오게 된 것이다. 즉, 위법계약해지권의 실익은 사후적으로 불완전판매임이 확인되었을 경우, 손해배상책임을 통하여 해당 계약의 위법성 및 손해 등을 밝히는 것에 앞서 금융소비자가 계속하여 자신이 의도한 것과 다른 계약관계에 종속되는 것을 방지하고자 한 것에 있다고 본다. 그렇다면 위법계약해지권의 법적 성격을 검토할 때에는 이러한 제도의 도입 취지를 적극적으로 고려하여 해석해야 할 것이다.

위법계약해지권을 청구권으로 보고 금융회사의 수락여부통지권을 인정할 경우, 금융상품판매업자가 금융소비자의 해지요구를 수락하는 행위가 곧 자신들의 행위의 위법성을 자인하는 결과 된다고 해석될 수 있다. 위법계약해지권의 법위반행위만으로 손해배상책임이 바로 인정되는 것은 아니나, 향후 분쟁조정제도나 손해배상청구소송에서 소비자에게 유리하게 작용할 수 있어 금융상품판매업자는 위법계약해지요구의 수용에 소극적일 수밖에 없다. 판매업자의 해지요구에 대한 수락거절은 곧 또 다른 법적분쟁절차로 연결되어 위법계약해지권의 도입 취지에 반하는 결과를 초래하게 되므로 위법계약해지권의 제도적 취지에 반한다.

3. 법해석론적 접근

개인 간에 분쟁이 발생하게 되면 법원은 법률을 재판규범으로 삼아 분쟁을 해결하게 되고, 이를 위해서는 먼저 해당 법률의 의미와 내용을 명확히 하여야 한다. 법해석론은 추상적이고 일반적으로 규정된 법률 규정의 취지와 의미를 명확히 밝히는 것을 목적으로 한다. 법해석의 방법에는 문언의 의미에 대하여 통상적 의미에 따라 해석하는 '문리해석', 해당 법률의 일정한 체계하에서 해석하는 '체계적 해석(논리해석)', 특정 조문의 의미를 좁게 또는 넓게 해석하는 '축소해석'과 '확대해석', 입법자의 취지

---

[45] 김영희, 전게논문, 13~14면.

와 목적을 고려하는 '목적론적 해석(연혁해석)', 법률의 흠결을 보충하는 '유추해석' 등의 방법이 있다.[46] 법해석론에 관한 전통적인 견해에 따르면 문리해석, 체계적 해석, 역사적 해석, 목적론적 해석의 순서로 해석이 이루어진다. 법해석의 방법과 한계에 관하여 대법원은 다음과 같이 설시하고 있다. "법해석의 목표는 어디까지나 법적 안정성을 저해하지 않는 범위 내에서 구체적 타당성을 찾는 데 두어야 한다. 그리고 그 과정에서 가능한 한 법률에 사용된 문언의 통상적인 의미에 충실하게 해석하는 것을 원칙으로 하고, 나아가 법률의 입법 취지와 목적, 그 제·개정 연혁, 법질서 전체와의 조화, 다른 법령과의 관계 등을 고려하는 체계적·논리적 해석방법을 추가적으로 동원함으로써, 앞서 본 법해석의 요청에 부응하는 타당한 해석이 되도록 하여야 한다. 한편, 법률의 문언 자체가 비교적 명확한 개념으로 구성되어 있다면 원칙적으로 더 이상 다른 해석방법은 활용할 필요가 없거나 제한될 수밖에 없고, 어떠한 법률의 규정에서 사용된 용어에 관하여 그 법률 및 규정의 입법 취지와 목적을 중시하여 문언의 통상적 의미와 다르게 해석하려 하더라도 당해 법률 내의 다른 규정들 및 다른 법률과의 체계적 관련성 내지 전체 법체계와의 조화를 무시할 수 없으므로 거기에는 일정한 한계가 있을 수밖에 없다."[47] 이에 따르면 문리해석을 우선으로 하되, 문언 자체가 명확하지 못한 때에는 역사적 해석, 목적론적 해석, 체계적·논리적 해석을 활용하여 법해석의 요청에 부응하는 타당한 해석을 해야 할 것이다.

금융소비자보호법상 위법계약해지권을 문언의 통상적인 의미에 따라서 해석할 경우 제47조 제1항은 청구권으로 해석하게 되고, 제2항은 형성권으로 해석하게 되어 체계정합성에 반하는 문제가 발생한다. 따라서 문리해석뿐만 아니라 목적론적 해석과 체계적·논리적 해석을 통하여 위법계약해지권을 형성권으로 해석해야 할 필요가 있다. 앞서 살핀 것과 같이 형성권은 그 행사로 권리관계의 변동을 가져오면 충분한 것이고, 해당 권리관계와 관련된 모든 법적관계의 종국적인 변동이 있어야만 형성권성이 인정되는 것이 아니다. 현행 문언상 제1항이 '청구할 수 있다'라고 규정되어 있다 하더라도 권리의 실질과 거래안전 등을 종합적으로 고려할 때 그 실질은 형성권이라고 해석할 수 있다. 위법계약해지권은 금융소비자에 의한 신속하고 간편한 해지권을 보장하겠다는 취지에서 도입되었으므로 이러한 입법취지를 관철시키기 위해서도 청구권이 아닌 형성권으로 해석하는 것이 바람직할 것이다.

결국 형성권에 해당하는지 여부가 불분명한 권리를 해석을 통해 형성권 쪽으로 포함시키는 것은 그 권리를 둘러싼 법률관계를 형성권의 행사 방식과 형성권 처리 방식에 따라 다루겠다는 법해석자의 의지를 반영하는 것이다. 따라서 손해배상청구권과 구별된 계속적 계약관계로부터의 해방효를 인정하기 위한 위법계약해지권은 그 문언의 모호성에도 불구하고 형성권으로 해석하여야 할 것이다.

---

46) 김준호, 전게서, 22~23면 참조.
47) 대법원 2009. 4. 23. 선고 2006다81035 판결.

Ⅳ 위법계약해지권의 개정방안

형성권성은 법문언의 표현에 의하여 결정되는 것이 아니므로 어떤 권리를 종합적으로 볼 때 형성권성이 인정된다면 그 명칭에 불구하고 이를 형성권으로 분류할 수 있다. 그러나 법적 성질이 모호한 경우에 별다른 근거 없이 형성권으로 단정하여서는 안 될 것이다. 위법계약해지권이 형성권인지에 대해서 검토함에 있어서는 ① 위법계약해지권의 속성이 형성권적 속성을 가지는지, ② 위법계약해지권의 행사가 형성행위적 속성을 지닐 필요성이 있는지, ③ 위법계약해지권 행사기간의 제한을 어떻게 해석할 것인지 등을 살펴 판단해야 한다.

생각건대, 금융소비자보호법 제47조 제1항을 청구권으로 해석하게 되면 금융회사의 수락에 의한 해지가 합의해지가 되어 손해배상청구를 할 가능성이 없어지게 되므로 손해배상청구권을 함께 규정한 취지에 어긋나게 된다. 만약 제1항을 문언 그대로 청구권으로 해석할 경우 회사가 소비자의 해지요구에 대하여 10일 이내에 수락통지를 하는 경우를 제외하고는 모두 소송으로 가게 되어, 신속하고 간편한 해지권을 보장하겠다는 위법계약해지권의 취지가 몰각되고 소송경제에도 좋지 않은 영향을 줄 수도 있다.[48]

다만 제1항의 법적성격을 형성권으로 볼 경우 제1항과 제2항이 모두 형성권임에도 조문의 규정 형식이 달라 마치 서로 다른 성격의 두 가지 해지권을 입법한 듯 보여 체계정합성의 문제가 있다. 따라서 현행 금융소비자보호법상 위법계약해지권에 대해서 그 도입취지를 고려하여 형성권으로 해석하는 것과는 별개로, 입법론적으로는 위법계약해지권에 관한 규정을 개정하여 불필요한 논쟁의 씨앗을 제거할 필요가 있다. 지금까지의 논의를 고려하여 본서에서 제안하는 위법계약해지권 조문의 개정안은 다음과 같다.

---

[48] 제1항을 문언 그대로 청구권으로 해석할 경우 회사가 해지 요구를 거절하면 계약을 해지하고자 하는 소비자는 소송을 제기하여야 하고, 소비자가 금융회사의 거절에 '정당한 사유'가 없음을 주장하며 제2항에 따른 해지통보를 하더라도 앞서 해지요구를 거절한 회사가 정당한 사유가 있다고 다투며 소송을 제기할 가능성이 매우 높다. 결과적으로 양 당사자간의 다툼이 없는, 즉 금융회사가 해지요구를 거절하지 않은 해지를 제외하고는 모두 소송 등의 법적 분쟁절차에 의존하게 되는 결과가 초래될 가능성이 매우 높다.

위법계약해지권 개정안

현재 조항	개정 제안내용
제47조(위법계약의 해지) ① 금융소비자는 금융상품판매업자등이 제17조제3항, 제18조제2항, 제19조제1항·제3항, 제20조제1항 또는 제21조를 위반하여 대통령령으로 정하는 금융상품에 관한 계약을 체결한 경우 5년 이내의 대통령령으로 정하는 기간 내에 서면등으로 해당 계약의 해지를 요구할 수 있다. 이 경우 금융상품판매업자등은 해지를 요구받은 날부터 10일 이내에 금융소비자에게 수락여부를 통지하여야 하며, 거절할 때에는 거절사유를 함께 통지하여야 한다. ② 금융소비자는 금융상품판매업자등이 정당한 사유 없이 제1항의 요구를 따르지 않는 경우 해당 계약을 해지할 수 있다. ③ 제1항 및 제2항에 따라 계약이 해지된 경우 금융상품판매업자등은 수수료, 위약금 등 계약의 해지와 관련된 비용을 요구할 수 없다. ④ 제1항부터 제3항까지의 규정에 따른 계약의 해지요구권의 행사요건, 행사범위 및 정당한 사유 등과 관련하여 필요한 사항은 대통령령으로 정한다.	제47조(위법계약의 해지) ① 금융소비자는 금융상품판매업자등이 제17조제3항, 제18조제2항, 제19조제1항·제3항, 제20조제1항 또는 제21조를 위반하여 대통령령으로 정하는 금융상품에 관한 계약을 체결한 경우 5년 이내의 대통령령으로 정하는 기간 내에 서면등으로 **해당 계약을 해지할 수 있다.** ② <u>금융소비자의 계약해지에 다음 각 호의 정당한 사유가 있는 경우, 금융상품판매업자등은 전항의 규정에 불구하고 이를 거절할 수 있다.</u>[49] <u>1. 위반사실에 대한 근거를 제시하지 않거나 거짓으로 제시한 경우</u> <u>2. 계약 체결 당시에는 위반사항이 없었으나 금융소비자가 계약 체결 이후의 사정변경에 따라 위반사항을 주장하는 경우</u> <u>3. 금융소비자의 동의를 받아 위반사항을 시정한 경우</u> <u>4. 그 밖에 제1호부터 제3호까지의 경우에 준하는 것으로서 대통령령으로 정하는 경우</u> ③ 제1항에 따라 계약이 해지된 경우 금융상품판매업자등은 수수료, 위약금 등 계약의 해지와 관련된 비용을 요구할 수 없다. ④ 제1항부터 제3항에 따른 계약해지권의 행사방법, 행사범위 및 정당한 사유 등과 관련하여 필요한 사항은 대통령령으로 정한다.

---

49) 각 호의 내용은 현재 시행령 제38조 제4항 각호의 규정을 차용하였음.

제3절 위법계약해지권의 적용범위 확장

I 서 설

　금융소비자 보호는 크게 영업행위에 대한 규제와 건전성규제의 측면에서 접근할 수 있다. 건전성규제는 다시 거시 건전성규제와 미시 건전성규제로 구분된다. 거시 건전성규제는 실물경제에 부정적인 영향을 미칠 수 있는 금융산업의 시스템 리스크 방지를 목표로 하는 것으로, 시스템상 중요한 금융회사와 이러한 금융회사의 행위가 금융시장에 미치는 영향을 감시·감독하는 것에 초점을 두게 된다.[50] 미시 건전성규제는 개별 금융회사에 대한 규제로, 개별 금융회사의 지급능력(solvency)에 중점을 두고 감독함으로써 지급불능사태로부터의 소비자보호를 목표로 한다.[51] 한편 영업행위규제는 불공정한 영업 관행으로부터 금융소비자를 보호하는 것을 그 목표로 한다. 이를 위하여 주로 금융상품판매업자가 금융소비자와의 거래에서 지켜야할 영업행위 규제원칙들을 설정한 뒤, 준수여부를 감시한다.

　위법계약해지권은 영업행위규제 중 적합성원칙, 적정성원칙, 설명의무, 부당권유행위금지 및 불공정영업행위금지를 위반하였을 경우 인정되는 해지권으로, 5가지 판매행위 규제원칙의 적용범위는 위법계약해지권 적용범위와도 일맥상통한다. 금융소비자보호법 제정 이전의 개별 금융업권법을 통한 영업행위 규제는 업권별로 적용범위가 상이하고 적용범위 또한 제한적이어서 금융소비자보호에 충분하지 않았다. 판매행위 규제원칙을 금융소비자보호법에 통합하여 규정함으로써 일정 영역에서 그 적용범위가 확대되었으나, 여전히 적용범위가 제한적이고 기존 용어를 그대로 차용하여 사용하는 것에서 오는 용어의 불명확성 등의 한계점이 있다. 판매행위 규제원칙 적용범위의 확대는 위법계약해지권의 확대로 연결되므로 본 절에서는 판매행위 규제원칙 적용범위의 확대를 통한 위법계약해지권의 적용대상의 확대에 대하여 살펴보고자 한다.

II 적합성원칙 적용대상의 확대

1. 대출성 상품에서의 과잉대부금지의 명문화

　금융소비자보호법은 적합성의 원칙을 규정하면서 간접적으로 과잉대부 금지를 포섭하고 있다.[52] 과잉대부금지원칙이란 상환능력을 초과하는 대출을 약탈적 대출로

---
50) 금융감독원, 전게서, 19면.
51) 이러한 미시 건전성감독은 금융회사의 진입·퇴출 제도, 자기자본 규제, 자산 보유·운용에 대한 규제, 금융회사의 경영공시제도 등을 통해 이루어진다.

간주하고 이를 금지하는 것을 의미하는데, 대부업법 제7조에 명시적으로 규정되어 있다.[53] 대부업법과 동법 시행령에 따르면 대부업자가 대부계약 체결시 거래상대방의 소득·재산 및 부채상황을 파악하기 위하여 제출받아야 하는 서류의 종류를 매우 구체적으로 나열하고 있고, 대부업자가 '객관적인 변제능력을 초과'하는 계약을 체결하는 것을 금지하고 있다.

이는 금융소비자보호법상의 대출성 상품에 대한 적합성, 적정성원칙과 연결하여 볼 수 있다. 금융소비자보호법 제17조 및 동법 시행령 제11조에 따르면 대출성 상품의 경우 재산상황, 신용 및 변제계획, 연령, 계약체결의 목적을 파악하여 '적합하지 않은' 계약체결의 권유를 금지하고 있다. 적정성원칙의 경우에는 위의 내용을 파악한 뒤, 적정하지 아니한 경우에는 이를 고지할 의무만을 부여하여 고지 받은 소비자가 그럼에도 불구하고 거래를 희망할 경우에는 객관적인 변제능력 초과여부와 상관없이 사실상 거래를 허용하고 있다.

적합성원칙과 적정성원칙 모두 투자자가 부적합한 상품을 구매하여 얻는 피해를 방지하기 위한 목적으로 제정되었음에도 불구하고 대부업법보다도 간접적이고 추상적으로 규정되어 있어 실제로 과잉대부 자체를 금지하고 있다고 보기 어렵다. 따라서 대출성 상품의 경우 '적합하지 아니한' 계약 체결을 권유하는 것을 금지하는 것이 아닌, '객관적인 변제능력을 초과'하는 계약 체결을 금지하도록 개정할 필요가 있다.

물론 은행들은 금융감독 당국의 건전성 감독을 받는 기관으로 엄격한 요건 아래서 은행업감독규정에서 정한 여신운용원칙에 따라 차주의 신용리스크, 차입목적, 소요자금규모, 자금소요기간 등을 종합 심사하여 대출을 실행하고 있으므로 본 법의 규정으로 충분하다고 반론할 수 있으나,[54] 은행업감독규정의 여신운용원칙은 내부적 구속력을 가지는 행정규칙에 불과하고 이를 초과하여 대출을 실행하여도 적합성원칙과 적정성원칙을 준수하면 법에 위반되는 것이 아니므로 그 결과에 대하여 본법상 위법계약해지권과 손해배상청구권 등을 행사하지 못하여 소비자가 보호받을 수 없다는 문제점이 있다. 따라서 새로운 조문을 추가하여 과잉대부 금지를 별도로 명문화하여 금지하여야 할 것이다.

---

52) 이하 전성인, 금융소비자보호에 관한 공청회, 85~88면 참조.
53) 대부업법 제7조(과잉 대부의 금지) ① 대부업자는 대부계약을 체결하려는 경우에는 미리 거래상대방으로부터 그 소득·재산 및 부채상황에 관한 것으로서 대통령령으로 정하는 증명서류를 제출받아 그 거래상대방의 소득·재산 및 부채상황을 파악하여야 한다. 다만, 대부금액이 대통령령으로 정하는 금액 이하인 경우에는 그러하지 아니하다.
② 대부업자는 거래상대방의 소득·재산·부채상황·신용 및 변제계획 등을 고려하여 객관적인 변제능력을 초과하는 대부계약을 체결하여서는 아니 된다.
54) 국회정무위원회[김수언], "금융소비자보호에 관한 공청회", 정무위원회, 2017. 9, 9면 참조.

2. 보장성 상품에서의 의향파악의무의 명문화

금융소비자보호법의 제정 이전에는 자본시장법과 보험업법을 통하여 보험상품 중 변액보험에만 적합성원칙이 적용되고 적정성원칙은 적용되지 않았다. 본 법은 투자성상품 및 변액보험에 적용되던 협의의 적합성 원칙을 보장성 상품 중 '변액보험 및 보험료 또는 공제료의 일부를 자본시장법에 따른 금융투자상품의 취득·처분 또는 그 밖의 방법으로 운용할 수 있도록 하는 보험 또는 공제'에 대하여 적용되도록 하여(법 제17조 제2항 제1호, 령 제11조 제1항 제1호), 보장성 상품의 판매행위 규제원칙 적용범위를 확대함과 동시에 다른 금융상품 전반으로 확대할 수 있는 기반을 마련하고 있어 그 적용범위가 문제된다.

이처럼 보험상품 중에서 어떤 상품에 어느 정도의 판매행위 규제원칙을 적용할 것인지의 문제는 금융소비자법 제정 이전부터 계속되어 온 논의로서, 본법 제정 당시에도 변액보험 이외의 보장성상품 전반으로 적합성원칙을 확대적용하는 것에 대한 논의가 있었다.

먼저, 일반보험상품에도 폭넓게 적합성원칙을 적용해야 한다고 보는 견해는 금융소비자보호에 더 주안점을 둔 것으로, 금융상품판매업자등과 금융소비자 간의 정보의 비대칭성에 주안점을 두고 금융회사의 책임을 더 강화해야 한다고 본다.[55] 아울러 보험상품은 판매 당시에는 무형의 급여 약속만 있을 뿐 지급사유가 발생해야 비로소 그 품질과 성능을 알 수 있다는 특징이 있어, 소비자는 보험회사가 제공하는 정보에 의존하여 상품을 이해할 수밖에 없다. 이와 같은 보험자와 보험계약자 간의 정보 비대칭성은 보험상품이 복잡·다양해짐에 따라 더욱 심화되고 있으며, 세계적으로도 보험자의 정보제공 의무를 강화하고 있는 점을 고려할 때 국내에서도 적합성원칙의 적용범위를 확대할 필요가 있다는 견해도 있다.[56]

반면 투자성 있는 보험상품에만 적용해야 된다는 견해는, 우연한 사고에 대비하여 위험의 분산을 목적으로 하는 보험상품과 원본 손실의 위험성을 감수하고 고수익을 얻고자 하는 투자상품은 그 성격이 달라 동일하게 취급해서는 안된다고 한다.[57] 구체적으로 ① 금융소비자에게 과도하거나 부적합한 보험의 가입은 설명의무의 강화 또는 인수심사로 방지하는 것이 바람직하고, ② 금융회사의 과도한 업무부담은 물론 소비자에 대한 과도한 개인정보 침해 소지 또한 우려되며, ③ 획일적 규제로 소비자에게 필요한 보장의 권유까지 어려워져 소비자의 선택 폭이 제한되는 부작용이 우

---

55) 안수현, "금융소비자의 사전적 보호제도의 평가 및 제언", 국회입법조사처 세미나자료집, 2016, 13~15면 참조.
56) 한창희, "정보비대칭하에서의 보험자의 정보제공의무", 「법학논총」 제23권 제2호, 국민대학교 법학연구소, 2011, 133면.
57) 전한덕, "금융소비자보호 기본법 제정안에 대한 검토, 「법학논총」 제24권 제1호, 조선대학교 법학연구원, 2017, 435면.

려되고, 또한 ④ 보험상품의 권유에 앞서 소비자의 정보를 수집하고 부적합하다고 판단되는 경우 권유를 할 수 없도록 제한하는 것은 소비자에게 제시할 수 있는 보험상품의 폭을 제한하여 결과적으로 보험소비자 입장에서 과소 보장의 문제를 초래할 우려가 있으므로 변액보험 외의 일반보험에 대한 적합성·적정성 원칙의 적용 확대는 신중을 기할 필요가 있다는 점 등을 이유로 한다.

보장성 상품의 판매업자인 보험사는 적합성원칙을 일반 보장성 상품까지 범위를 확대하는 것에 대하여 반대입장을 고수해왔다. 적합성원칙은 고객의 위험 허용도를 넘어서는 상품 권유를 방지하기 위한 목적으로 제정된 원칙으로, 기존의 보험업법 역시 변액보험에 한정하여 적합성원칙을 적용하였고, 해외에서도 투자형 상품에 한하여 적용하고 있다는 것이 주된 이유이다.[58] 그러나 후술 하는 것처럼 다수의 국가들이 투자성 보험상품에 적합성원칙을 적용하는 것에서 더 나아가 그 외 보험상품에도 판매행위 규제원칙을 적용하고 있다. 또한 적합성원칙과 적정성원칙은 현재 투자성 상품 판매업자등에게 더욱 넓게 적용되고 있음에도 과도한 업무부담으로 인한 업무의 마비 등의 문제점은 제시되고 있지 않고, 현재 금융회사가 금융소비자의 투자성향을 판단하는 것과 같이 적합성원칙 판단 알고리즘을 유형화하여 활용하면 비교적 쉽게 소비자에게 적합한 금융상품을 도출할 수 있으므로 업무에 과중한 부담이 가거나 그로 인한 사업비의 상승 우려는 적다고 판단된다. 개인의 재산상태, 과거 금융상품 투자경험, 상품에 가입하고자 하는 이유 등 과도한 개인정보를 물음으로써 제기되는 투자자에 대한 개인정보 침해의 우려 또한 보장성 상품만의 문제가 아닌, 본법에 의하여 적합성원칙을 적용하는 모든 금융상품판매업자의 문제일 뿐이다. 따라서 이를 이유로 적합성원칙의 확대적용을 금지할 것이 아니라 별도의 논의를 통하여 수집한 소비자의 정보는 수집 당시의 용도 이외의 목적으로 활용하지 못하도록 명문화하는 방식으로 해결하여야 할 것이다. 뿐만 아니라 소비자의 선택 폭이 좁아지거나 과소보장의 우려가 있다는 지적을 반대로 생각하면, 미래를 고려하여 현재 소비자의 재산상황, 손실에 대한 감수능력, 계약의 목적보다 과도한 상품을 권유하는 것이 적절하다는 주장인데, 미래의 가능성이나 계획에 중점을 두어 현재의 재산상황이나 연령에 비추어 과도한 보험상품을 추천하는 것은 오히려 과대보장의 문제를 야기할 수 있고, 보험 해약의 가능성을 높일 수 있어 궁극적으로는 보험상품 판매업자에게도 위험요소가 될 수 있다는 사실을 간과한 주장이다.

적합성원칙이란 금융소비자의 지식, 경험, 투자목적, 재산상황 등을 고려하여 금융소비자의 성향에 부적합한 금융상품을 권유해서는 안 된다는 원칙으로 기존에 신의칙상 금융기관의 소비자에 대한 보호의무의 일환으로 판례상 인정되어 온 것이다. 적합성원칙의 확대 적용 논의는 상품에 대한 설명의무에서 나아가 소비자에게 보험상품이 적합한지 여부에 대한 판단책임을 보험회사에 이전함으로써 정보비대칭성을

---

58) 김수언, 금융소비자보호에 관한 공청회, 9면.

완화하자는 것이다. 그러나 장래 투자수익에 대한 기대로 위험을 감수하는 투자상품과 달리 보험상품은 장래의 불확정한 위험에 대비하여 위험을 보험회사로 이전하는 것으로, 장기간에 걸쳐 보험료가 지불되고 보장이 이루어지는 특성이 있다. 그간 사회경제적 환경이 변화함은 물론 판단의 기초가 되었던 보험계약자의 정보 역시 변화한다. 보험의 특성상 보험상품에 대한 수요는 보험계약자의 위험회피성향에 달린 것이기 때문에 보험 권유 시점에 존재하는 사정만으로 어떠한 보험보장이 보험계약자에게 적합하고 부적합할지 보험회사가 판단하는 데는 한계가 있어, 적합성원칙을 그대로 적용하는 것은 적절하지 않다. 이상을 종합하면, 현재의 적합성 원칙은 협의의 적합성원칙이라 하여 원칙적으로 변액보험 등 원본손실 요소가 있는 상품에 적용하되, 그와 별도의 의향파악의무를 명문화 하여 적합성원칙의 개념을 확대하는 것이 바람직하다고 본다.

Ⅲ. 적정성원칙 적용대상의 확대

1. 적합성원칙과 적정성원칙의 차이점

적합성원칙과 적정성원칙은 파악하여야 하는 정보의 내용은 동일한 반면, 적용대상과 적용되는 금융상품의 범위가 서로 다르다. 먼저 적용대상과 관련하여 적합성원칙이 금융상품판매업자등이 일반금융소비자에게 부적합한 상품을 권유하는 것을 금지한다면, 적정성원칙은 금융상품판매업자의 권유 없이 일반금융소비자가 부적합한 상품을 거래하고자 할 때에 적용된다. 둘째로, 적합성원칙을 포함한 나머지 영업행위 규제원칙들은 대상을 '금융상품판매업자등'으로 규정하여 금융상품판매업자 외에 금융상품자문업자도 적용대상이지만 적정성원칙은 금융상품판매업자에게만 적용된다. 이는 금융소비자가 자신이 구매하려는 금융상품에 대하여 자문을 구하는 자문업의 특성을 반영한 것으로 보인다. 셋째로, 적합성원칙에 있어서 금융상품판매업자등은 해당 금융상품을 권유하기 전에 연령, 재산상황 등 일반금융소비자의 정보를 파악한 뒤 적합성 원칙 적용여부와 무관하게 해당 내용을 일반금융소비자로부터 확인받아야 할 확인의무가 있으나, 적정성원칙에 있어서는 해당 금융상품이 일반금융소비자에게 적정하지 않다고 판단한 때에만 파악한 내용을 확인을 받을 의무가 발생한다는 차이가 있다. 마지막으로, 적정성원칙은 대통령령으로 정하는 대출성 상품, 투자성 상품, 그리고 보장성 상품에만 적용된다고 하여 적합성원칙보다 그 적용범위가 좁다.

적합성원칙과 적정성원칙은 그 표현은 서로 다르나, 모두 계약체결 단계에서 금융상품이 금융소비자에게 적절한지 여부를 판단한다는 점에서 동일하고, 다만 금융상품판매업자등과 소비자중 누가 먼저 해당 상품의 구매를 희망·권유하였는지의 차이만이 있을 뿐이다. 그러나 적정성원칙은 적합성원칙에 비하여 한정적인 범위의 금융상품에만 적용되고, 적용 주체 또한 금융상품자문업자는 적정성원칙의 적용을 받지 않는 차이가 있다. 또한 적합성원칙은 일반금융소비자에게 부적합한 금융상품의 계약 체결을 권유하지 않을 소극적인 의무인 반면, 적정성원칙은 일반금융소비자에 대한 일반적인 위험고지의무라는 점에서 작위의무와 부작위의무의 차이가 있다. 다만 작위의무와 부작위의무의 차이가 두 원칙의 적용범위를 실질적으로 다르게 적용하여야 하는 입법적 당위성으로 연결되는지에 대하여 그동안 별다른 논의가 이루어지지 않았다. 따라서 이하에서는 적정성원칙의 적용범위를 적합성원칙보다 좁게 규정하여야 할 필요성 및 타당성에 대하여 살펴보기로 한다.

2. 적정성원칙 적용대상 확대의 필요성

적합성원칙과 적정성원칙의 적용범위를 달리 정한 것에 대한 근거로 기존의 개별법령에의 규정 여부와 판례의 법리, 고객의 상품에 대한 이해도의 차이 등을 생각해 볼 수 있을 것이다. 각 근거별로 적정성원칙 적용범위의 타당성을 살펴보도록 한다.

(1) 금융소비자의 상품에 대한 이해도

금융상품판매업자의 금융상품 권유가 없는 경우를 적정성원칙으로 구분하여 적합성원칙과 적용범위를 달리하는 이유에 대하여 금융감독원은 금융상품판매업자의 계약 체결 권유가 없는 경우에는 해당 상품의 계약을 체결해야 하는 금융소비자가 어느 정도 그 상품에 대하여 이해를 하고 있다고 전제하고 있기 때문이라고 밝히고 있다. 그러나 판매자의 권유가 없는 경우에는 소비자가 해당 상품에 대하여 어느 정도 이해를 하고 있다고 획일적으로 상정하는 것은 지나친 일반화의 오류이자 타당성이 떨어지는 주장이다. 만약 이러한 상정이 유효하다면 여전히 특정 금융상품에 한정하여 적정성원칙이라는 이름하에 소비자의 투자목적, 재산상황, 투자경험등을 파악하여 해당 투자가 해당 소비자에게 적정하지 않다는 사실을 알린 뒤 고지사실에 대한 확인까지 받도록 한 이유를 설명하기 어렵다. 적정성원칙을 별도로 둔 것 자체가 소비자가 권유없이 자발적으로 상품 계약을 희망한 경우라도 해당 상품에 대한 이해가 충분하지 않을 수 있다는 가능성을 인정한 것의 방증인 것이다.

적정성원칙은 변액보험, 파생상품, 고난도금융투자상품, 주택담보대출 등 원금손실의 위험성이 큰 상품에만 적용된다. 모든 금융상품이 아닌 특정 상품에만 제한적으로 적정성원칙을 적용하는 이유가 특정 상품에 대한 이해도를 고려한 것이라면, 원금손실의 위험성이 높은 상품에만 적정성원칙이 적용되는 이유를 설명하기 어렵다. 원금손실 위험성이 큰 고위험상품이 일률적으로 다른 금융상품보다 이해하기 어려운 상품이라고 단정하기 어렵고, 고위험상품이 아니라도 일반금융소비자의 기준에서 상품의 내용을 제대로 이해하기 어려운 상품들이 많기 때문이다. 결국 일반

금융소비자의 입장에서 원금손실의 위험성이 있는 상품에만 이와 같은 권고의무를 두어야 할 당위성이 무엇인지에 대하여 납득하기 어려운 것이 사실이다.

(2) 고객보호의무 법리와 적정성 원칙

적합성원칙과 설명의무는 과거 판례를 통하여 인정되었던 고객보호의무법리가 법제화된 것이므로 기존에 논의가 많이 이루어졌고 적용범위 또한 광범위하다. 그러나 적정성의 원칙은 기존 판례 법리가 적용된 것이 아니고, 2007년 자본시장법이 제정된 이후에 2008년말 금융위기가 발생하고 파생상품의 불완전판매가 문제됨에 따라 2009. 2. 자본시장법 개정을 통하여 추가된 법리이다. 즉, 적정성원칙은 금융소비자보호법 제정 이전에는 자본시장법 상에만 존재하던 법리로서 자본시장법과 보험업법에 규정되어 있던 적합성원칙보다는 그 법리적 토대가 약한 것이 사실이다. 적정성원칙은 최근에 도입된 법리인 만큼 적정성원칙 위반여부가 문제된 판례를 찾기 어렵고, 판례 역시 금융상품판매업자가 금융상품을 적극적으로 권유한 경우에만 고객보호의무위반을 인정하여 왔다.

적합성원칙이 제정되기 이전 고객보호의무법리로 금융소비자를 보호하던 당시 판례는 "투자가에 대한 불법행위책임이 성립되기 위하여는, 거래경위와 거래방법, 고객의 투자상황, 거래의 위험도 및 이에 관한 설명의 정도 등을 종합적으로 고려한 후, ① 당해 권유행위가 경험이 부족한 일반 투자가에게 거래행위에 필연적으로 수반되는 위험성에 관한 올바른 인식형성을 방해하거나 또는 ② 고객의 투자상황에 비추어 과대한 위험성을 수반하는 거래를 적극적으로 권유한 경우에 해당하여 결국 고객에 대한 보호의무를 저버려 위법성을 띤 행위인 것으로 평가될 수 있는 경우라야 한다"고 판시하여[59] 금융기관의 적극적인 권유가 있는 경우에 한하여 고객보호의무 위반을 원인으로 한 손해배상책임을 인정해왔다. 그러나 2013년 9월 26일 선고된 키코사건(삼코)[60]에서 법원은 더 나아가 고객이 먼저 구매를 희망한 경우에도 고객보호의무 추인법리를 이용하여 고객보호의무위반을 인정한 바 있다.[61]

---

59) 대법원 1994. 1. 11. 선고 93다26205 판결.
60) 대법원 2013. 9. 26. 선고 2012다13637 전원합의체 판결.
61) 본 사건은 원고 회사와 피고 은행은 2007. 12.과 2008. 1. 2차례에 걸쳐 통화옵션계약을 체결하였는데, 첫 번째 계약은 피고의 적극적인 권유로 체결되었으나, 두 번째 계약은 피고의 권유가 있었는지 여부가 증명되지 않았던 사건이다. 각 통화옵션계약 체결 당시 자본시장법에는 적합성원칙과 적정성원칙이 도입되기 이전이었기에 피고의 계약체결 권유행위가 없을 경우, 고객보호의무위반이 인정될 수 없었다. 이에 대하여 법원은 "통화옵션상품을 판매하는 은행 등 금융기관의 고객보호의무 중 하나로 논하여지는 적합성의 원칙은 은행 등의 투자권유가 있는 경우에만 적용되는 것이기는 하다."라고 하여 일견 투자권유 없는 경우의 고객보호의무는 부인하는 듯 하였으나, 뒤이어 원고가 이 사건 통화옵션계약의 가입을 희망하기 이전에 피고가 수 차례 원고에게 통화옵션계약 상품에 가입을 권유한 사실이 있고, 이를 기반으로 수차례에 걸친 통화옵션계약을 체결한 사실에 비추어 이 사건 통화옵션계약 또한 피고의 권유에 따라 정하였다고 추인함이 상당하다고 보아 피고 은행의 적합성원칙 위반으로 인한 손해배상책임을 인정하였다.

(3) 자본시장법상 적정성원칙의 차용

금융소비자보호법 도입 이전 적정성원칙을 도입한 자본시장법도 금융투자상품 중 파생상품, 파생결합증권 등 투자위험이 매우 높은 상품에 제한적으로 적정성 원칙을 적용하였으므로 금융소비자보호법에서도 투자위험이 높은 상품 등 일부의 상품에만 동 원칙을 적용하여 보험계약자가 투자위험을 제대로 인지하지 못한 상태에서 계약체결한 후 손실을 보지 않도록 하는 것이 바람직하다는 견해[62]가 있으나, 이는 기존 타법의 적용범위를 단순히 차용하는 것일뿐, 적정성 원칙의 도입 취지나 각 금융상품의 특성을 고려하지 않은 주장으로 적절치 않다. 자본시장법과 보험업법 등이 소비자보호에 불충분한 현실을 고려하여 금융소비자보호법이 제정된 것이므로 금융소비자보호의 측면에서 적정성원칙의 적용범위를 전면적으로 다시 살펴볼 필요가 있다.

생각건대, ① 기존의 자본시장법 등과는 달리 금융소비자의 보호를 주요 목적으로 한 금융소비자보호법의 제정취지와 ② 금융소비자보호법의 주요 특징 중 하나는 사후적 규제의 강화이고, 사후적 규제 중에서도 특히 기존 법제에서 선례를 찾아보기 힘든 위법계약해지권을 도입한 취지, ③ 판매행위 단계에서의 일반적인 금융소비자 보호의무 법리 위반 시에 위법계약해지권을 인정하여 계약체결 단계에서 금융상품판매업자의 의무위반을 엄격히 규제하는 점을 종합적으로 고려하여야 할 것이다. 따라서 자본시장법에서 보다 더 넓은 범위에 적정성원칙을 적용하여 원금손실의 위험이 높은 상품 외에도 소비자의 연령, 경제상황 등에 비추어 소비자가 해당 상품을 가입하고 유지하는 것이 적절하지 못한 경우 등에도 일반적 위험을 고지하도록 할 필요성이 있다.

3. 검토

금융소비자보호법 제정 이전 자본시장법, 보험업법 등에서부터 일관하여 전문소비자와 일반소비자를 구분하였던 이유는 금융상품의 복잡다기한 특성상 일반인은 그 종류와 내용을 온전히 이해하고 금융상품의 계약을 체결하는 것이 쉽지 않고, 따라서 중요한 내용을 약관을 작성하여 알리고, 적합한 상품의 계약체결만을 권유하는 등의 보호장치가 필요하다는 공통의 인식에서 비롯된 것이다. 이처럼 일반금융소비자를 보호하기 위하여 우리나라 금융시장이 발전과 함께 적합성원칙, 설명의무의 법리도 발전하여 왔는데, 판례는 이와 같은 의무를 인정하면서 그 법적 근거로 고객보호의무 및 신의칙상 의무를 제시하여 왔다.

그러던 중 자본시장법이 제정되면서 동 원칙들은 법률상의 의무로 격상되었고, 적정성원칙도 함께 도입되었으며, 키코 소송을 통하여 금융투자상품에 관한 판례준칙

---

[62] 원일연, 전게논문, 79면.

이 제시되었다. 키코 소송 당시에는 적정성의 원칙에 대한 기존 논의가 전무한 상황이었기에 적합성원칙의 추인이라는 법리를 통하여 금융상품판매업자의 책임을 인정하기는 하였으나, 판매업자의 적극적인 계약체결 권유가 없는 경우에도 고객보호의무를 인정하였다는 점은 동일하다.

금융상품계약은 복잡다기한 특성뿐만 아니라 매우 장기간에 걸친 계속적 계약이라는 특징도 가지고 있다. 금융소비자에게 장기간의 계속적 계약에 구속력을 인정하기 위해서는 앞서 설명한 것과 같이 금융소비자가 상품에 대하여 잘 숙지하고 합리적인 의사결정을 내린 뒤여야 논의할 수 있는 부분일 것이다. 이와 같은 점들을 고려하면 파생상품 및 고난도금융투자상품에만 일반적 위험고지의무를 적용하여야 할 입법적 당위성을 찾기 힘들고, 적용범위를 고위험상품군에 한정하기 보다는 권유가 없는 경우 전반에 적용하도록 하는 것이 일반적 위험고지의무라는 적정성 원칙의 성격에 더욱 부합하는 적용이다.[63]

적합성원칙과 적정성원칙의 실질은 결국 상품판매계약 체결시에 소비자에게 적합한 상품을 판매하라는 것. 그리고 그 적합성 여부를 소비자에게 알리라는 것으로 동일하다. 소비자가 구매를 희망하는 상품이 없을 때에는 금융기관이 먼저 소비자의 연령, 재산상황, 투자경험 등을 파악한 뒤 적합한 상품을 추천하고, 소비자가 구매를 희망하는 상품이 있을 때에는 소비자의 연령, 재산상황, 투자경험 등을 파악한 뒤 해당 상품이 적합하지 않은 경우 이 사실을 고지하라는 것이다. 즉, 어느 경우나 금융기관이 소비자와 계약을 체결하기 위해서는 소비자의 연령, 재산상황, 투자경험 등의 정보를 먼저 수집하여야 한다. 수집해야 하는 정보 또한 동일하고 차이점은 적정성원칙은 적용 제외되는 금융상품의 범위가 더 넓다는 것뿐인데, 굳이 이렇게 차이점을 나누어서 조문을 별도로 구성할 필요가 있는지 의문이다.

생각건대, 조문을 통합하여 소비자에 대한 고지의무로 하고, 소비자가 먼저 요청하였는지 여부를 불문하고 일괄하여 ① 금융기관은 소비자의 연령, 재산상황, 투자경험 등의 정보를 파악한 뒤, ② 소비자가 구매 희망하는 상품이 있는 때에는 해당 상품이 소비자에게 적합한지 여부를 알리고, 구매 희망하는 상품이 없을 때에는 소비자에게 적합한 상품을 추천하도록 하는 것이 적합할 것이며, 이렇게 일원화 하여 규정하면 현재보다 규제 체계 또한 일원화되고 간결해져서 금융기관 또한 실무에서 더 적용하기 쉬울 것이다.

따라서 계약 체결 권유가 없는 경우에도 설명의무 및 적정성원칙의 확대적용을

---

[63] 특히 적정성원칙이 다른 판매행위 규제원칙에 비해 더 복잡하거나 어렵지 않고 파악하여야 할 고객정보의 범위도 적합성원칙과 대동소이함에도 고위험상품군에만 한정하여 적용하는 것은, 계약체결에 대한 적극적인 권유가 없다는 것을 빌미로 금융상품판매업자에게 지나친 면죄부를 부여하는 것과 다름없다.

통하여 금융소비자가 해당 금융상품의 중요 내용과 자신에게 적합한 상품인지 여부를 숙지하고 투자에 나서도록 하여야 한다. 더 나아가 변액보험 등을 제외한 순수한 보장성상품에서도 고객의 연령, 재산상황, 가입 목적 등을 일반적으로 파악할 의무를 부여하여, 금융소비자가 가입을 희망하는 보험상품이 해당 소비자에게 적절하지 않은 경우에는 이러한 사실을 고지하고 대체상품을 추천하도록 함으로써 보험자에 대한 신뢰성을 제고하고, 보험계약자의 가입율 및 보험계약 유지율도 상승시키는 선순환 또한 기대할 수 있을 것이다.

Ⅳ 설명의무 적용범위 확대의 필요성

1. 설명의무 적용범위의 확대

본법은 금융상품판매업자의 계약체결의 권유 없이 판매계약을 체결하는 경우에는 일반금융소비자의 요청이 있어야만 설명의무가 인정된다고 하여, 적정성원칙이 적용되는 경우에 소비자의 요청이 없으면 소비자가 해당 상품의 중요한 내용을 설명받지 못하게 되는 문제가 발생하게 된다. 설명의무의 이행은 금융소비자가 자신의 선택에 대한 책임을 지기 위한 전제가 되는 것이므로, 설명의무의 이행은 특정 상황에 한정지어서 이루어지는 것이 아닌 금융상품의 판매과정 전체에서 이루어져야 한다. 약관규제법 제3조에서 고객에 대한 계약체결여부나 고객의 설명 요청여부를 불문하고 약관의 중요한 내용을 설명하고, 알기 쉽게 작성하여 교부하도록 한 것 역시 이와 같은 취지라고 볼 수 있다.

금융상품의 거래에 있어서 소비자는 해당 상품의 대하여 충분한 양과 질의 정보를 제공받아야 하고, 금융상품판매업자의 정보제공이 자기책임원칙의 전제조건이 된다는 사실은 모든 금융상품의 거래에 공통으로 적용되는 법리라고 할 수 있다. 금융소비자가 특정 금융상품의 거래를 먼저 희망하는 경우라 하더라도 해당 금융상품에 대하여 상품 구조, 원본손실 위험성 등을 상세히 알고 오는 경우는 많지 않고 대부분은 해당 상품의 기대 이율과 같은 단편적인 정보만을 알고 오기 마련이다. 이러한 사실을 고려하면 금융상품판매업자의 적극적인 투자권유가 없다고 하여 고객에게 적합한 상품인지 여부를 전혀 살펴보지 아니하고 해당 상품을 판매하는 것은 소비자에게 과도한 자기책임을 묻는 것으로, 자기책임원칙의 전제조건을 충족하지 못하였다고 판단된다. 설명의무가 인정되지 않는 경우라 하더라도, 설명의무의 이행에 필요한 설명서가 제공되므로(법 제19조 제2항), 설명의무의 이행에 준하여 일반금융소비자에게 선택에 대한 책임을 물을 수 있다는 견해가 제기될 수 있으나, 설명서의 교부와 설명의무의 이행을 동일하게 해석하는 것은 두 의무를 별도로 구분하여 규정한 법조문 체계와 그 취지에 부합하지 않는 주장으로 생각된다.

2. 검토

투자성 금융상품을 포함한 모든 금융상품은 자기책임의 원칙에 따라 그 결과가 금융소비자에게 귀속된다. 금융소비자에게 이와 같은 자기책임을 묻기 위해서는 금융상품판매업자가 사전에 금융투자상품에 대한 정확한 정보를 소비자가 이해할 수 있도록 제공하고, 적합한 상품의 계약체결을 권유하는 등 금융소비자가 합리적인 의사결정을 할 수 있도록 자신의 의무를 성실히 이행하여야 한다. 자기책임의 원칙과 금융소비자 보호 사이의 조화는 앞서 설명한 것과 같이 금융소비자가 상품에 대하여 잘 숙지하고 합리적인 의사결정을 내린 뒤여야 논의할 수 있는 부분일 것이다.

그러나 전문금융소비자는 설명의무의 적용대상이 되지 않으므로, 법 제23조에 따라 금융상품의 계약서와 약관 및 설명서를 제공받는 것 이외에 상품의 중요사항에 대하여 별도의 설명을 듣지 못하게 되고, 일반금융소비자의 경우에는 적정성원칙과 같이 설명의무 역시 금융상품판매업자의 계약체결 권유가 없는 경우에는 적용되지 않으므로 금융소비자가 광고나 지인의 소개 등으로 금융상품에 대하여 알고 상담을 요청한 경우에는 금융상품의 약관에 기재되지 않은 상품의 중요한 내용에 대한 설명을 듣지 못하게 되는 심각한 입법적 공백이 발생하게 된다.

따라서 금융소비자에게 계약체결 결과에 대한 책임을 묻기 위해서는 설명의무의 이행범위를 확대하여야 한다. 즉, 일반소비자와 전문소비자의 구분 없이 계약체결의 권유여부를 불문하고 중요한 내용에 대한 설명의무를 이행하도록 하여, 금융소비자가 계약내용을 제대로 알고 계약을 체결하였다는 사실을 확인할 필요가 있다. 이것이 금융상품판매업자등에게 지나치게 과도한 부담을 지우는 결과가 되어 부당하다면, 고객에게 계약체결을 권유하지 않고 고객이 설명을 요청하지 않은 경우라도 ① 고객에게 설명의무를 요청할 권리가 있다는 사실과 ② 설명의무 위반은 위법계약해지권의 대상이 된다는 사실을 알릴 의무 정도는 부여해야 한다고 생각된다. 이와 같은 사실의 고지는 필히 계약체결 이전에 하여 소비자가 설명의무 요청권한이 있다는 사실을 알고 있다는 것을 확인받도록 하고, 그럼에도 소비자가 설명의무를 듣는 것을 원치 않을 때에는 설명의무 대상자에게 교부하는 것과 동일한 중요내용을 기재한 설명서를 교부하도록 함으로써, 차후에 설명의무 불이행 등을 이유로 한 사후적 분쟁 또한 미연에 방지할 수 있을 것이다.

V 소결

기존 개별 금융업권법을 통한 영업행위 규제는 그 업권별로 적용범위가 상이하고, 적용범위 또한 제한적이어서 금융소비자보호에 충분하지 않았다. 금융소비자보호법에 통일적으로 규정된 영업행위 규제원칙은 적용범위를 일부 확대하였으나, 앞에서 검토한 바와 같이 여전히 적용범위 및 대상이 제한적이고, 본법 제정당시 영업행위 규제원칙 적용대상의 지나친 확대는 금융회사에 과도한 업무가중을 초래하고, 이는 결국 소비자의 비용부담 증가로 이어져 소비자보호 및 금융회사의 건전성 모두에 부정적인 결론을 초래할 것이라는 의견들이 다수 제기되었던 것에 대한 고려인 것으로 생각된다.

그러나 영업행위 규제의 강화가 금융회사의 건전성을 약화시킬 것이라는 견해와는 달리 둘의 관계는 상호 보완적인 관계로서 장기적으로 보면 금융소비자보호가 효과적으로 이루어지게 되면 금융소비자는 그 효용을 극대화할 수 있고, 금융상품판매업자가 양질의 금융서비스와 상품을 공급하게 되는 동기가 되며, 결론적으로 시장의 불안정성, 분쟁의 발생과 같은 리스크가 감소하여 전체적인 금융시장의 건전성 및 안전성에 기여하게 된다. 즉, 금융소비자 보호는 금융상품판매업자의 건전성과 금융시스템의 안전성 확보에 필수요소가 되고, 건전성규제의 강화는 금융시장을 보호하고, 금융소비자의 채무부담능력 악화를 방지하여 그 자체로 금융소비자를 보호하는 역할을 하기도 한다.[64] 이렇듯 소비자 보호는 건전성감독이나 금융시스템의 안정 등 다른 감독기능과 충돌되어 동시에 달성할 수 없는 감독목표가 아니라 오히려 건전성 감독 등 여타의 감독목표를 달성하기 위해 반드시 선행되어야 하는 기본적 전제조건이 되고 동시에 다른 감독목표를 강화하는 특성을 가지고 있다. 결국 금융시장의 불확실성을 제거하고 금융회사의 위험을 감소시키기 위해서는 금융소비자가 적절히 보호되는 환경이 전제되어야 하고 건전한 금융회사와 금융시장의 안정성 확보 또한 금융소비자를 보호하기 위해 필수 불가결한 요소라고 할 수 있다. 따라서 입법적 논의를 통하여 향후 그 범위를 확대해 나가야 할 필요성이 있다. 또한 현재의 판매행위 규제원칙은 종전의 자본시장법과 보험업법의 규정을 상당부분 그대로 차용하여 각 법을 이어붙인 듯하다. 각기 다른 상품을 통일된 법으로 함께 규율함으로써 발생하는 각 상품별 차이점에 기한 상품별 적용대상의 구체화가 이루어져야 할 것으로 생각된다.

구체적으로 각 원칙별로 정의의 모호함의 문제 혹은 적용대상의 문제 등에 대하여 다음과 같은 입법적 개선이 필요할 것이다. 첫째로, 적합성원칙은 '적합하지 아니한' 계약 체결의 권유를 금지할 뿐, '객관적인 변제능력을 초과하는' 계약 체결을 금지하는 것이 아니어서, 객관적인 변제능력을 계약체결의 기준으로 삼고 있는 대부업법상의 과잉대부원칙에 비하여 그 기준이 추상적이고 불분명하다. 따라서 대출성상품을 판매하는 금융상품판매업자는 수집한 정보를 고려하여 거래상대방의 객관적인 변제능력을 초과하는 금융상품의 판매계약을 체결하지 못하도록 조문의 내용을 개정하거나 새로운 조문을 신설할 필요가 있다.

---

64) 금융감독원, 전게서, 20면.

두번째로, 보장성상품 중 변액보험과 같이 투자성이 없는 보험상품은 현행법상 적합성원칙과 적정성원칙의 적용을 받지 않고 설명의무만이 적용된다. 미국, 영국, 일본 등도 적합성원칙의 확대적용에 관한 논의가 있었고, 현재 적합성원칙을 모든 보험에 동일하게 적용하는 나라는 없으나, 분명한 사실은 비투자성 보험상품에도 '완화된 적합성원칙'을 적용하고 있다는 것이다. 어떠한 금융상품보다도 일반금융소비자가 이해하기에 어려운 상품구조를 가지고 있고, 그 특성상 한번 계약이 체결되면 장기간 계약이 유지되며, 중도해지시 원금을 거의 돌려받지 못한다는 점을 고려할 때, 비투자성 보장성상품에도 완화된 적합성·적정성원칙을 적용하여야 할 필요성이 있다고 할 것이다. 따라서 순수한 보장성상품에서도 고객의 연령, 재산상황, 가입 목적 등을 일반적으로 파악할 의무를 부여하여, 금융소비자가 가입을 희망하는 보험상품이 해당 소비자에게 적절하지 않은 경우에는 이러한 사실을 고지하고 대체상품을 추천하도록 함으로써 보험자에 대한 신뢰성을 제고하고, 보험계약자의 가입률 및 보험계약 유지율도 상승시키는 선순환 또한 기대할 수 있을 것이다.

셋째로, 적합성원칙과 적정성원칙 모두 제정 시기의 차이만 있을 뿐, 금융소비자가 자신의 재산상황, 필요에 비추어 적합하지 않은 상품을 구매함으로써 얻는 피해를 방지하기 위한 목적에서 제정된 원칙임에도, 뚜렷한 이유 없이 적용 대상에 차등을 두고 있고, 그 과정에서 적정성원칙의 확대적용을 위하여 고난도금융상품이라는 새로운 개념이 추가되어 법적 명확성을 저해하고 있다. 적합성원칙과 적정성원칙의 일원화를 통하여 일반금융소비자의 금융상품판매계약 체결시 일률적으로 고객의 정보를 파악한 뒤, 해당 고객에게 적합한 상품만을 권유하고, 부적합한 상품의 구매를 희망할 때에는 해당 사실을 고지한 뒤 동의서를 받도록 정비하는 방안을 고려할 필요가 있다.

넷째로, 설명의무는 자기책임의 전제가 되는 것으로서 금융소비자보호법 제정 이전에 각 개별법률에 모두 규정되어 있었을만큼 판매행위 규제원칙 중 핵심원칙이라 할 수 있다. 즉, 설명의무는 금융소비자가 계약을 체결함에 있어서 해당 상품의 중요한 핵심내용을 제대로 이해하고 합리적인 판단을 내릴 수 있도록 함으로써, 계약의 안정성을 높이고 분쟁을 사전에 방지한다. 본법은 모든 금융상품에 설명의무가 적용된다고 규정함으로써 일응 모든 금융상품 판매계약에서 소비자의 자기책임의 전제로서 기능하는 것처럼 보이나, 실제로는 ① 농협, 신협, 새마을금고 등의 상호금융과 우체국은 설명의무의 적용대상이 되지 않고, ② 전문금융소비자 또한 설명의무의 적용을 받지 않으며, ③ 일반금융소비자라 하더라도 먼저 계약체결을 희망하는 경우에는 금융상품판매업자에게 먼저 설명을 요청하지 않는 한 설명의무의 적용에서 배제되는 입법적 공백이 있다. 따라서 설명의무의 적용 대상을 상호금융과 우체국까지 확대하여야 하고, 전문금융소비자 및 먼저 계약체결을 희망하는 일반금융소비자에게도 설명의무를 의무적으로 적용하도록 하거나, 혹은 설명의무의 존재를 고지한 뒤, 계약의 중요한 사항에 대한 설명을 듣는 것을 거부할 때에는 중요한 내용을 기재한 설명서를 교부하고 설명의무를 거절하였음을 서명, 기명날인, 녹취 그 밖의 방법으로 확인받도록 하여야 할 것이다.

다섯째로, 불공정영업행위의 '부당한 담보요구' 금지 및 부당권유행위 중 '불확실한 사항'에 대한 단정적 판단의 제공과 같이 해당 문언만으로는 일반금융소비자가 그 의무 위반여부를 판단하기 어려운 규정들이 다수 존재하는바, 하위법령을 통하여 구체적인 판단의 기준을 정하여, 법원을 통하지 않고도 소비자가 해당 의무 위반사실을 주장, 증명할 수 있도록 하여야 할 것으로 생각된다.

제4절 위법계약해지권의 행사요건의 해석상 문제

I 서 설

위법계약해지권을 행사하기 위해서는 ① 영업행위 준수사항 중 판매행위 규제원칙을 위반하여 ② 금융상품에 관한 계약을 체결하여야 하고, ③ 위법사실을 안 날로부터 1년, 계약 체결일로부터 5년 이내에 ④ 서면등으로 계약의 해지를 요구하여야 한다(법 제47조 제1항 제1문). 이때 '금융상품'은 모든 금융상품을 의미하는 것이 아닌 금융소비자와 금융상품직접판매업자 또는 금융상품자문업자 간 계속적 거래가 이루어지고 금융소비자가 해지 시 재산상 불이익이 발생하는 금융상품만 해당된다(규정 제31조 제1항). 따라서 중도해지가 자유롭고 재산상 불이익이 발생하지 않는 주식매매거래, 자유입출금식예금 등은 위법계약해지권의 대상이 되지 않는다. 해지를 원하는 금융소비자는 서면등으로 해당 계약의 해지를 요구하여야 하는데, 계약의 해지를 요구하려는 경우 금융위원회가 정하여 고시하는 해지요구서에 위반사항을 증명하는 서류를 첨부하여 금융상품직접판매업자 또는 금융상품자문업자에게 제출해야 하고(령 제38조 제3항), 해당 서류에는 금융상품의 명칭과 법 위반사실을 기재하여야 한다(규정 제31조 제2항). 법률 제정 당시 위법계약해지권의 행사요건, 행사범위 및 절차들을 대통령령으로 정하도록 하고 있어 불명확성 및 불확실성에 대한 지적이 있었는데,[65] 법안은 해지를 요구하는 구체적인 서면의 형식이나 내용 등에 대하여 별다른 위임이 없으나, 시행령은 이에 대하여 보다 구체적으로 정함으로써 불명확성을 다소 완화하고 있다고 생각된다.

금융소비자의 해지요구에 대하여 금융상품판매업자등은 10일 이내에 수락여부를 통지하여야 한다. 금융상품판매업자등이 해지요구를 거절할 경우 거절사유도 함께 통지하여야 한다(제47조 제1항 제2문). 금융상품판매업자등이 '정당한 사유' 없이 해지 요구를 따르지 않는 경우에 금융소비자는 일방적으로 해당 계약을 해지할 수 있다(동조 제2항). 정당한 사유로는 위반사실에 대한 근거자료의 부재나 거짓 제시, 계약 후에 발생한 사정변경을 이유로 한 계약해지 주장, 위반사실과 관련하여 소비자의 동의를 받고 이미 조치한 경우, 법위반 사실을 소비자가 계약체결 전에 이미 알고 있었던 경우 등을 들 수 있다.

위법계약해지권이 소비자보호를 위한 제도로 성공적으로 정착되기 위해서는 그 행사요건이 명확하여야 할 것이다. 그러나 현재 문언의 내용상 행사요건과 관련하여 해석상 몇 가지 쟁점이 제기될 수 있다. 우선, ① '판매행위 규제원칙 위반'에 대하여 그 구성요건 해당성 및 증명의 문제가 있고, ② 위반행위와 계약체결의 결과 사이의 인과관계를 필요로 할 것인지의 문제가 있으며, ③ 해지권을 위법사실을 안 날로부터 1

---

[65] 안수현, 전게논문, 32면.

년, 계약 체결일로부터 5년 이내에 행사하도록 한 것과 관련한 행사기간의 문제가 있다. 해지권이 지나치게 장기간동안 존속하여 법률관계를 불안정하게 할 가능성이 있다는 지적이 있어, 위법계약해지권 행사기간의 적절성에 대한 검토가 필요하다. 이하 판매행위 규제원칙 위반의 의미부터 차례로 검토하도록 한다.

Ⅱ 판매행위 규제원칙 위반의 의미

위법계약해지권은 적합성원칙, 적정성원칙, 설명의무, 불공정 영업행위금지, 부당권유금지를 위반하여 계약을 체결하는 경우에 인정되는 권리이다. 즉 위법계약해지권은 '특정 금융상품의 계약체결시, 부적합한 상품의 계약체결 권유(법 제17조 제3항), 부적정한 상품의 불고지 또는 고지사실 미확인(법 제18조 제2항), 설명의무 불이행 및 설명의무 이행시 중요한 사실의 오고지 혹은 누락(법 제19조 제1항·제3항), 불공정영업행위(법 제20조 제1항) 및 부당권유행위(법 제21조)'를 하였을 때 인정되는 권리로서, 위법계약해지권이 성립하기 위하여는 단순한 절차적 위반을 넘어선 결과적 위법이 필요하다.

예컨대, 법 제17조의 적합성원칙에는 적합성판단의무(제3항) 외에도 금융소비자 분류의무(제1항) 및 금융소비자 정보파악 및 확인의무(제2항)가 함께 규정되어 있다. '제17조 위반'이라고 규정할 경우 제1항부터 제3항의 의무 중 어느 하나라도 위반하면 성립되는 것인지, 최종적으로 적합성판단의무를 위반하여 부정합한 상품의 계약체결 권유를 한 경우만 가리키는 것인지 불분명하다. 만일 문언 그대로 해석하여 단순히 금융소비자가 일반금융소비자인지 전문금융소비자인지를 확인하지 않은 것만으로도 위법계약해지권이 발생한다고 해석한다면 해지권의 인정범위가 지나치게 넓다는 문제가 제기될 수 있기에 계약 해지사유를 더욱 구체적으로 특정하고자 한 것이다.

이와 같이 현재의 규정에 따르면 절차적인 과정상의 의무위반은 해지권의 사유가 되지 않고, 결과적인 적합성 위반만이 해지권의 사유가 된다. 이처럼 해지사유를 제한적으로 인정하는 것의 정당성과 관련하여, 해지권을 인정하는 취지는 금융소비자의 계약체결 과정에서의 올바른 인식형성에 방해가 없도록 하기 위함이고, '채무의 내용에 좇은 이행'이라는 민법상 채무불이행 법리에 비추어 볼 때 결과적으로 적합성 판단의무가 제대로 이루어진 경우에는 적합성원칙을 위반한 위법한 계약이 체결된 것으로 보기 어렵고, 해지권이 발생할 수 없다는 논리가 제시되고 있으며,[66] 이는 일견 타당한 주장이라고 생각된다. 결국 적합성 판단의무가 적절하게 이루어지기 위해서는 제1항 및 제2항의 개별의무가 선행되어야 하기에 일반금융소비자 여부를 확인하지도 않고, 투자경험·성향·목적 등의 관련 정보를 파악하지 않았음에도 적합한 구매권유를 한

---

66) 이상훈, 전게논문, 223면.

경우를 상정하기 어렵고, 설령 제1항 및 제2항을 위반하였음에도 적합한 구매권유가 이루어졌다면 행위위법은 있으나 결과위법이 부정되어 계약해지권을 인정하기에 어렵다고 생각된다.

다만, '제17조 위반'이 아니라 '제17조 제3항 위반'이라고 규정되어 있기 때문에 원고에게 과도한 증명책임을 부여한다는 문제가 발생할 수 있다. 즉 해지권을 주장하는 일반금융소비자 입장에서 제1항 및 제2항 위반사실은 비교적 용이하게 증명이 가능할 것이나, '부적합한 상품의 권유여부'는 정량적인 평가가 어렵고 사안별로 구체적인 사실관계에 따라 판단이 달라지기 때문에 소비자가 증명하기 쉽지 않고 결국 소송을 통한 판단에 의존하게 되어 손해배상책임과 구분된 해지권 도입의 취지가 몰각될 우려가 높다. 따라서 현재와 같이 소비자가 증명책임을 부담하도록 할 경우, 해지권 행사가 쉽지 않아져서 해지권을 도입한 그 취지가 무색해질 수 있을 것인바, 향후 시행령 등을 통하여 '위반'에 관하여 더욱 명확하고 구체적인 기준이 제시하고 증명책임을 경감하는 등의 추가적 조치가 필요할 것이다.

III 위반행위와 계약체결 사이의 인과관계

1. 위법계약해지권 행사에서 인과관계의 필요성

어떠한 행위가 채무불이행 혹은 불법행위에 해당하는지를 판정하기 위한 요건들 중 하나로 인과관계가 요구된다. 민법 제750조의 불법행위책임은 고의·과실로 인한 위법행위'로' 손해를 가한 자라고 하여 위법행위와 인과관계 있는 손해만을 손해배상의 범위에 포함함을 분명히 하고 있고, 민법 제393조의 채무불이행책임 역시 채무불이행'으로' 인한 손해배상이라고 하여 인과관계를 요건으로 하고 있음이 문언상 명백하다.[67] 그러나 위법계약해지권은 판매를 '위반하여'라고 규정할 뿐이어서 법문상 제17조부터 제21조 위반사실과 금융계약체결 사이에 인과관계가 요구되는지 여부가 불분명하다. 즉 '위반하여 ~계약체결'이라는 법문이 인과관계를 내포한 인과적 연쇄관계로 보이기도 하는 반면, 단순한 시간적 연속성에 따른 나열에 불과하다고 볼 수도 있어 해석상 논란의 여지가 있다. 이와 관련하여, 법 제17조부터 제21조의 위반사실의 존재뿐만 아니라 그로 인하여 계약 체결에 이르게 되었다는 이른바 '거래 인과관계'가 존재하여야 해지권이 발생한다는 인과관계필요설[68]과 판매행위 규제원칙

---

[67] 이와 관련하여 법문의 고의·과실로 '인한' 위법행위라는 표현에서 인과관계가 인정된다는 오해가 있을 수 있으나, '인한'이라는 표현은 '행위'의 주관적 통제가능성을 표현하고 있는 것이고, 인과관계의 요건을 규정한 것이 아니다(박희호, "책임법에 있어서 인과관계의 구체적 척도에 관한 연구", 「동아법학」 제56호, 동아대학교 법학연구소, 2012, 290면).
[68] 양승현, "위법계약해지권의 주요 내용 검토: 보험상품을 중심으로", 보험연구원, 2020, 13~14면.

위반사실과 계약 체결이라는 사실만 존재하면 계약 해지권이 발생한다는 인과관계불요설[69]이 대립하고 있다.

인과관계필요설은 불완전판매로 인하여 금융소비자가 잘못된 계약을 체결하는 것을 방지하기 위한 위법계약해지권의 도입 취지를 고려할 때 인과관계가 필요하다고 해석하여야 한다고 주장한다. 또한 인과관계불요설을 취하면 경미한 위반의 경우에도 위법계약해지권의 행사가 가능하게 되어 소비자가 계약을 체결한 뒤 해당 상품의 수익성이 기대만큼 나지 않거나 자신에게 더욱 유리한 상품을 찾게 되었을 때 사소한 위반행위를 이유로 계약을 해지하는 등의 기회주의적 행동을 유발할 수도 있다는 점을 지적하고 있다.

그러나 인과관계필요설에 대해서는 다음과 같은 비판이 가능하다. 우선 금융소비자보호법 제47조 제1항은 계약체결일로부터 5년 이내에 계약해지권을 행사할 수 있도록 되어 있어, 계약관계가 지나치게 장기간 불안정한 상태에 처하게 된다는 우려가 제기될 수 있으나, 시행령을 통하여 불완전판매로 인한 계약체결 사실을 안날로부터 1년 이내에만 행사할 수 있도록 그 기산점과 행사기간을 제한하고 있다. 따라서 현행 법령에 따르면 기회주의적 행동을 유발할 우려는 없다고 생각된다. 또한 위법계약해지권은 모든 불완전판매에 인정되는 것이 아니고 금융상품판매업자가 제17조 제3항, 제18조 제2항, 제19조 제1항·제3항, 제20조 제1항 및 제21조를 위반하여 체결한 계약 중 금융소비자가 해지 시 재산상 불이익이 발생하는 금융상품에 대하여만 인정된다(령 제38조 제1항, 규정 제31조 제1항). 따라서 현행 법령 규정에 따르면 단순히 기대한 만큼의 수익성이 나지 않거나, 재산상 손해가 발생하지 않는 경우에는 위법계약해지권의 행사가 제한되므로 수익성을 이유로 한 악용 가능성도 극히 낮을 것이다.

한편 인과관계불요설은 위법계약해지권은 당초 계약을 잘못 체결한 경우뿐만 아니라, 계속적 계약 관계에서 시간이 지나면서 계약이 더 이상 체결 당시의 목적에 부합하지 않게 된 경우 또한 포함하는 것이라고 주장한다. 즉, 해지권의 본질은 소비자의 목적에 적합하지 않게 된 계약관계의 종료이고, 계약 체결의 문제는 그에 흡수될 문제라고 보는 것이다. 이와 같은 견해는 일응 소비자의 증명부담을 경감하여 소비자의 보호라는 해지권의 도입 목적에 충실한 해석이라 할 수 있으나, 위법계약해지권은 어디까지나 위법한 '계약'을 체결함으로써 인정되는 계약책임이다. 불완전판매 행위와 계약 체결 사이의 인과관계 자체를 부인하고, 시간의 경과에 따른 일체의 사정변경을 모두 위법계약해지권의 범위에 포함시키는 것은 계약책임의 한계를 과도하게 벗어난 것으로 기본적인 책임법리에 반하는 주장이다. 어떠한 행위의 결과 대하여 책임을 묻는 것에는 늘 제한이 따라야 하고, 그 제한을 설정하는 것이 책임

---

69) 이상훈, 전게논문, 226면.

과 결과 사이의 인과관계론이다. 따라서 계약 당시의 행위에서 더 나아가 그 이후에 파생된 것까지 책임을 묻는다 하여도 일정 범위에 한정되어야 하고, 이는 결국 인과관계필요설 내에서 인과관계의 판단기준을 어디까지 인정할 것인지의 문제로 이해하여야 한다.

2. 인과관계의 접근방식에 관한 논의

(1) 불법행위에 있어서 인과관계의 논의

판매행위 규제원칙 위반행위와 계약체결 사이에 인과관계가 필요하다고 해석할 경우, 해당 인과관계의 접근방식에 관한 논란이 있을 수 있는데, 이는 곧 인과관계를 어떠한 관점에서 어디까지 인정할 것인지의 문제이다. 불법행위에 있어서 인과관계의 접근방식은 크게 사실적·자연과학적 판단방법과 법률적·규범적 판단방법 두 가지로 구분된다.[70] 사실적·자연과학적 판단방법이란 인과관계를 사실적이고 자연과학적인 관점에서 이해하는 것으로서, 행위와 결과 사이에 논리적, 자연법칙적으로 설명할 수 있는 결합이 존재하는지 그 생성과정을 판단하는 것이다. 즉, "원인 없으면 결과 없다(Conditio sine qua non)"이라고 하는 구체적이고 현실적인 인과관계를 요구하는 것으로서, 조건설이라고도 한다.[71] 대법원도 종종 이 견해에 따라 인과관계를 판단하고 있으나,[72] 이 접근방법은 '심리적 인과관계'[73]나 원인이 부작위인 경우와 같이 자연과학적 접근방식으로는 인과관계를 증명할 수 없는 상황에서 책임을 인정하기 어려워 불합리한 결론을 도출할 수 있다는 한계가 있다.

그에 반해, 법률적·규범적 판단방법이란 해당 행위가 없다면 결과가 발생하지 않는다는 자연법칙적인 방법이 아니라, 결과 발생에 영향을 줄 수 있는 요소들을 종합적으로 검토하여 결과를 도출해내는 책임귀속의 한 방법으로서, 우리나라의 판례[74] 다수설이 취하고 있는 상당인과관계설과 규범목적설 등이 이에 해당한다.

일반적인 불법행위와 달리 최근 등장하는 의료소송이나 환경침해소송, 제조물책임소송 등에서는 ① 다수의 공통된 원인이 복잡하게 결합하여 발생하여 특정 행위와 결과 사이의 관계를 특정하기 어렵고, ② 전문적 분야에 대한 분쟁으로서 해당 분야에 비전문가인 피해자가 그 인과관계를 증명하기 어렵다는 등의 한계가 있어 인과관계를 증명하기 어렵다는 문제가 있다. 이에 피해자의 증명부담을 경감시키기

---

70) 박희호, 전게논문, 291면.
71) 박영호, "의료소송(醫療訴訟)과 사실적 인과관계", 「법조」 제52권 제3호, 법조협회, 2003, 43면.
72) 대법원 1990. 10. 30. 선고 90다카12790 판결; 대법원 1998. 9. 18. 선고 97다47507 판결.
73) 심리적 인과관계란 특정인의 위법한 행위에 의하여 피해자 혹은 제3자가 가해행위를 하도록 유도하여 피해자 스스로가 혹은 제3자가 피해자에게 가해의 결과를 야기하도록 하는 경우를 말한다(박희호, 전게논문, 293면).
74) 대법원 1995. 1. 12. 선고 94다21320 판결; 대법원 2007. 7. 13. 선고 2005다21821 판결; 2006. 4. 14. 선고 2003다41746 판결; 대법원 2020. 11. 26. 선고 2018다221676 판결 등.

위한 다양한 견해가 등장하고 있다. (i) 개연성설은 피해자는 가해행위의 인과관계에 관하여 자연과학적인 엄격한 증명이 아닌 가해행위와 손해발생 사이의 인과관계가 존재한다는 (상당한) 개연성만 증명하면 족하고, 그 책임을 면하고자 하는 가해자가 반증을 제시하여야 한다는 견해이다.[75] 이 견해는 피해자(원고)의 증명도를 특별히 낮추는 것에 대한 이론적 근거가 불명확하고, 개연성의 증명이 구체적으로 어느 정도의 증명을 의미하는 것인지 불분명하여 요건사실의 인정이 지나치게 자의적으로 이루어질 염려가 있다는 비판이 있다.[76] (ii) 신개연성설은 기존 개연성설의 증명책임의 완화의 정도가 민사소송법적으로 어느 정도의 증명을 요구하는 것인지 불분명하다는 비판에 대하여 '간접반증'[77] 개념을 도입한 이론이다. 즉, 피해자가 인과관계를 몇 단계로 유형화하여 각 단계의 주요사실을 간접사실에 의하여 증명하면, 가해자가 다른 간접사실로 반증하지 않는 한 인과관계를 인정할 수 있다고 한다.[78]

한편 우리나라의 통설은 환경소송에서 법원이 신개연성설의 입장을 채택하고 있다고 보고 있으며,[79] 이는 의료소송 사건에서도 크게 다르지 않다. 법원은 "원래 의료행위에 있어서 주의의무 위반으로 인한 불법행위 또는 채무불이행으로 인한 책임이 있다고 하기 위하여는 의료행위상의 주의의무의 위반과 손해의 발생과의 사이의 인과관계의 존재가 전제되어야 하나, 의료행위가 고도의 전문적 지식을 필요로 하는 분야이고, 그 의료의 과정은 대개의 경우 환자 본인이 그 일부를 알 수 있는 외에 의사만이 알 수 있을 뿐이며, 치료의 결과를 달성하기 위한 의료 기법은 의사의 재량에 달려 있기 때문에 손해발생의 직접적인 원인이 의료상의 과실로 말미암은 것인지 여부는 전문가인 의사가 아닌 보통인으로서는 도저히 밝혀낼 수 없는 특수성이 있어서 환자측이 의사의 의료행위상의 주의의무 위반과 손해의 발생과 사이의 인과관계를 의학적으로 완벽하게 입증한다는 것은 극히 어려우므로, 환자가 치료 도중에 사망한 경우에 있어서는 피해자측에서 일련의 의료행위 과정에 있어서 저질러진 일반인의 상식에 바탕을 둔 의료상의 과실 있는 행위를 입증하고 그 결과와 사이에 일련의 의료행위 외에 다른 원인이 개재될 수 없다는 점, 이를테면 환자에게 의료행위 이전에 그러한 결과의 원인이 될 만한 건강상의 결함이 없었다는 사정을 증명한 경우에 있어서는, 의료행위를 한 측이 그 결과가 의료상의 과실로 말미암은 것이 아니라 전혀 다른 원인으로 말미암은 것이라는 입증을 하지

---

[75] 박운길, "불법행위에 있어서 인과관계의 역할", 「법학연구」 제19집, 한국법학회, 2005, 167면.
[76] 오석락, 『환경소송의 제문제』, 삼영사, 1996, 78면; 박운길, 상게논문, 168면.
[77] '간접반증'이란 본증의 대상이 되는 주요사실 또는 간접사실의 존재여부를 직접 다투지 않고, 그 부존재를 확정하게 하는 별개의 간접사실을 증명하여 간접적으로 요건사실의 부존재를 추인하도록 하는 것을 말한다(서희원, "환경소송에 관한 연구", 박사학위논문, 조선대학교, 2003. 08, 160면 이하.).
[78] 전경운, "환경소송에서 인과관계의 입증에 관한 소고", 「환경법연구」 제32권 제2호, 한국환경법학회, 2010, 76면.
[79] 대법원 2004. 11. 26. 선고 2003다2123 판결.

아니하는 이상, 의료상 과실과 결과 사이의 인과관계를 추정하여 손해배상책임을 지울 수 있도록 입증책임을 완화하는 것이 손해의 공평·타당한 부담을 그 지도원리로 하는 손해배상제도의 이상에 맞는다고 하지 않을 수 없다."고 판시하여[80] 의료소송에서 인과관계의 증명책임을 완화하고 있다.

위법계약해지권의 인과관계는 판매업자의 불완전판매행위와 소비자의 계약체결 사이의 인과관계이므로 의료계약처럼 판매행위 규제원칙 위반과 계약체결 사이에 다수의 공통된 원인이 복잡하게 결합하여 발생한다고 볼 수는 없다. 그러나 의료계약은 금융상품판매계약과 같은 계속적 계약관계로서 일반 계약관계에 비하여 신뢰관계로서의 특성이 강하게 부각되고,[81] 의사에게 주의의무[82]에서 비롯된 설명의무가 인정된다는 점에서 금융상품판매계약과 유사한 부분이 있다. 전문성이 강하게 요구되어 정보와 지식이 부족한 피해자가 증명하기 어렵다는 점 또한 동일하다. 따라서 위법계약해지권의 인과관계의 정도를 정함에 있어서 의료소송에서 인과관계의 증명의 완화에 관한 대법원의 태도를 참고할 수 있을 것이다.

(2) 불법행위책임과 위법계약해지권의 차이점

위법계약해지와 불법행위에 따른 손해배상책임은 그 요건과 법적 성격이 다르기 때문에 동일한 인과관계의 판단기준에 의하여야 하는 것은 아니다. 우선 (i) 불법행위의 성립요건으로서의 인과관계는 '위법행위'와 '손해'사이의 인과관계인 반면, 위법계약해지권의 인과관계는 '위법행위'와 '계약 체결' 사이의 인과관계이다. 위법계약해지권에서 '손해'는 위법계약해지권을 행사할 수 있는 금융상품의 해당성을 결정하는 기준이 되는 것이다. 또한 (ii) 불법행위의 성립요건으로서의 인과관계는 현실로 발생한 손해를 누구에게 배상책임을 지울 것인지, 그 배상범위를 어디까지 인정할 것인지를 가리기 위한 개념[83]인 반면, 위법계약해지권의 성립요건으로서의 인과관계는 판매업자의 판매행위 규제원칙 위반행위가 금융소비자의 계약 체결 결정에 원인이 되었는지의 문제이다. 위법계약해지권의 인과관계는 "책임성립의 인과관계'만을 다루고 있는 반면, 불법행위법의 인과관계는 "책임성립의 인과관계"와 "배상범위의 인과관계"를 포함하고 있다. 마지막으로 (iii) 일반 불법행위책임과 달리 금융상품판매계약은 계속적 계약관계로서 양 당사자간의 신뢰성이 강하게 존재하고, 전문적인 영역으로 피해자가 인과관계를 증명하기 어렵다.

---

80) 대법원 2000. 1. 21. 선고 98다50586 판결
81) 이와 관련하여, 의료계약은 계속적 계약으로 볼 수 없다는 견해로는, 손연우, "의사의 설명의무의 법적지위에 관한 연구", 「한양법학」 제26권 제2호, 2015, 249면 이하 참조.
82) 인간의 생명과 건강을 담당하는 의사에게는 그 업무의 성질에 비추어 보아 위험방지를 위하여 필요한 최선의 주의의무가 요구되고, 따라서 의사로서는 환자의 상태에 충분히 주의하고 진료 당시의 의학적 지식에 입각하여 그 치료방법의 효과와 부작용 등 모든 사정을 고려하여 최선의 주의를 기울여 그 치료를 실시하여야 한다(대법원 1997. 2. 11. 선고 96다5933 판결 참조).
83) 대법원 1974. 12. 10. 선고 72다1774 판결.

이러한 점을 고려할 때 불법행위책임에서의 손해배상에 대한 인과관계론과 위법계약해지권에서의 인과관계는 그 요건과 효과가 다른 만큼 동일한 의미로 해석할 필요가 없고, 위법계약해지권에서의 인과관계의 접근방식에 대한 새로운 논의가 필요하다고 본다. 이와 관련하여, 민사법학에서의 인과관계 구별에 관한 논의가 좋은 기준이 될 수 있을 것이다.

3. 책임성립의 인과관계와 배상범위의 인과관계 구별에 관한 논의

근래에 불법행위책임의 성립요건인 인과관계를 "책임성립의 인과관계"와 "배상범위의 인과관계"로 구분하여 검토하자는 논의가 있다. 즉, 손해배상책임의 성립요건으로서의 인과관계와 배상범위의 인과관계를 개념적으로 구분하고, 책임 성립요건으로서의 인과관계는 기존의 규범적 접근방법이 아닌 사실적 접근방법에 따라 판단하고자 하는 것이다.[84] 이는 최근 들어 다수의 학자들의 지지를 받는 견해로서, 민법 제390조와 제750조에서 각 채무불이행책임과 불법행위의 성립요건을 규정하고 있고, 배상의 범위에 대해서는 제393조와 제763조에서 별도로 규정하고 있으므로 책임성립과 배상범위의 인과관계를 각기 다른 개념으로 구분해야 한다고 본다.[85] 이러한 구별은 불법행위 규정의 구조에 대한 논리적 설명이 용이하고, 민법 제750조의 제도적 취지에도 합치하며, 제750조와 제763조, 제393조의 차이를 명확하게 설명할 수 있다고 본다.[86] 아직 판례는 양자를 구별하지 않고 일괄하여 상당인과관계에 따라 손해배상책임을 판단하되, 앞서 언급한 바와 같이 공해소송과 의료소송에 있어서는 사실상 추정론을 도입하여 인과관계에 대한 피해자의 증명책임을 경감하고 있다.[87]

책임성립의 인과관계를 상당인과관계가 아닌 사실적 인과관계로 보는 견해는 또다시 (i) 모든 소송에서 책임성립의 인과관계를 사실적 인과관계로 보는 견해와, (ii) 공해소송, 의료소송에서의 성립요건으로서의 인과관계만 사실적 인과관계로 보는 견해로 구분된다.[88] 어떠한 견해에 따르던지 간에 위법계약해지권의 인과관계는 의료

---

84) 책임성립의 인과관계와 배상범위의 인과관계의 구별의 필요성을 긍정하는 견해 내에서도 책임성립의 인과관계의 판단 또한 상당인과관계에 의하여야 한다는 견해도 존재한다. 이에 대하여는 박영호, 전게논문, 45~49면 참고.
85) 이은영, 전게서, 774면; 김형배·김규완·김명숙, 『민법학강의』, 신조사, 2009, 923면; 박운길, 전게논문, 159면 등.
86) 박희호, "책임의 성립과 배상범위의 확정을 위한 인과관계의 구별에 관한 재론", 「법학연구」 제18권 제1호, 한국법학회, 2010, 310면.
87) 판례는 구별불필요설의 입장으로, 구별불요설은 기존의 우리나라 다수설의 견해로, 책임 성립과 배상범위를 구별하지 않고 일괄하여 상당인과관계설에 따라 인과관계를 판단한다. 민법 제393조가 독일의 절충적 상당인과관계설을 규정한 것이라고 이해하는 한, 양자를 구별하는 것은 구별의 실익이 없다고 한다. 판례 또한 책임 성립과 배상범위를 별도로 구분함 없이 일괄하여 상당인과관계에 따라 손해배상책임을 판단하고 있다. 곽윤직, 『채권총론』, 박영사, 2021, 116면; 김선석, "민사법상의 인과관계론에 대한 재음미", 「대한변호사협회지」 제111호, 1985, 7면; 박희호, 상게논문, 318면 등.
88) 자세한 내용은 박영호, 전게논문, 57~67면 참고.

소송과 유사한 특징을 가지고 있으므로 사실적 인과관계에 따라 판단할 수 있다. 사실적 인과관계론에 의할 경우, 계약체결이라는 결과의 원인이 되는 모든 조건에 대하여 인과관계를 인정할 수 있게 되므로 기존의 상당인과관계에 비하여 금융소비자의 증명책임이 상당 부분 경감된다.

반면 상당인과관계론에 의하여 금융소비자에게 증명책임을 지운 다면, 금융계약관계로부터 자유로이 탈퇴할 수 있도록 한 위법계약해지권의 제정취지가 반감될 것이다. 금융상품의 경우 중도상환수수료, 위약금의 부담 때문에 계약을 해지하지 못하고 해지를 자유롭게 하지 못한 채 계약관계를 유지하는 경우가 많다. 이러한 경우 금융상품 판매업자등으로 하여금 수수료 등을 요구할 수 없도록 하여 금융소비자의 부담을 덜어줌으로써(법 제51조 제2항) 계약관계로부터 자유로이 탈퇴할 수 있게 해주는 것이 본 조항의 주된 의의와 실익이라고 보인다. 따라서 위법계약해지권의 성립요건으로서의 인과관계를 사실적 인과관계로 보아 금융소비자의 해지권을 실질적으로 보장하고, 판매업자와 소비자의 고의·과실의 유무 및 그 정도, 상당인과관계 인정 여부 등은 손해배상책임 단계에서 별도로 논하도록 하는 것이 위법계약해지권에 부합하는 해석이라고 사료된다.

Ⅳ 위법계약해지권 행사시 고의·과실의 요부

위법계약해지권이 인정되면 소송 외에서 해당 계약의 위법성이 인정되는 결과가 되고 이는 민사상 손해배상의 청구에 밀접하게 연관될 수 있다. 위법계약해지권은 '~조를 위반하여'라고 규정하여 행사요건으로 판매규제원칙을 위반하였을 것을 요구하고 있을 뿐 구체적으로 금융상품판매업자의 고의 또는 과실을 요구하는지에 대한 판단기준을 제시하고 있지 않다. 해지권의 행사요건으로 고의·과실을 요구할 것인지의 문제는 유책사유를 불문하고 계약의 해지는 쉽게 할 수 있도록 하고 손해배상 단계에서 유책사유를 요구하여 계약해지와 손해배상청구를 구분할 것인지, 계약해지 단계부터 손해배상과 동일한 유책사유를 요구할 것인지의 문제로 볼 수 있을 것이다.

이와 관련하여 민법개정안의 계속적 계약 해지규정을 참고할 수 있을 것이다. 2013년 민법 개정안에서 주목할 점은 채무불이행으로 인한 계속적 계약의 해지에서 채무자의 고의·과실을 요구하지 않았다는 점이다. 계약체결 이후 중대한 채무불이행이 발생한 경우 그 계약에서 벗어날 수 있는 권한을 부여하는 것은 계약법에 대한 최근 국제적인 경향에도 부합하는 것으로서,[89] 장기간의 거래가 예상되는 계속적 계약에 있

---

89) 해지 사유로서 채무불이행을 규정하고 있는 독일 민법 제314조 제2항은 각 계약당사자는 중대한 사유를 이유로 해지기간의 준수 없이 계속적 채권관계를 해지할 수 있다고 규정한 제1항의 내용과 관련하여 "중대한 사유가 계약상의 의무를 위반한 것인 경우 그 시정을 위해 설정된기간

어서는 예견된 이행이 어려운 상황에서는 계약 관계를 종료할 수 있도록 할 필요성이 더 크다는 견지에서 비롯된 것이다.[90] 이 견해에 따르면 위법계약해지권에서도 고의·과실 여부가 해지권 행사 자체에 영향을 미치지 않고, 고의·과실의 여부는 손해배상책임 여부를 판단할 때에 고려하게 될 것이다.

결국 장기간의 거래가 예상되는 계속적 계약에 있어서는 계약위반행위에 대한 상대방의 고의·과실의 정도를 판단하는 것 보다 상대방의 의무위반으로 신뢰관계가 손상된 것 같이 향후 소비자가 예상한 대로의 계약의 이행이 불가능한 경우. 계약 관계를 해소할 수 있도록 하는 것이 해지권 도입의 실익이고, 위법성의 증명은 해지권의 핵심내용이라 할 수 없다. 따라서 유책사유 유무를 불문하고 계약 해지를 인정하고, 유책사유의 존재는 손해배상청구권 행사단계에서 별도로 검토하는 것이 소비자보호라는 입법목적에 부합하는 해석이라고 생각된다.

이 도과한 후 또는 최고를 하였으나 성과가 없게 된 때에 비로소 해지할 수 있다"고 규정하여, 채무자의 고의 또는 과실을 요구하지 않는다. 또한 국제동산매매에 관한 협약(CISG) 제25조에서도 당사자 일방의 계약 위반으로 인한 계약의 해제 또는 해지시 귀책사유를 요건으로 하지 않는다(장보은, 계속적 공급계약과 그 종료에 관한 계약법적 고찰, 87면).

90) 장보은, 계속적 계약의 해지와 손해배상의 범위, 283면.

제5절 위법계약해지권의 행사기간

Ⅰ 위법계약해지권 행사기간의 법적성격

위법계약해지권을 형성권으로 본다면 그 행사기간은 당연히 제척기간에 해당한다고 볼 수 있을 것인가? 이는 곧 형성권이 소멸시효의 적용을 받을 수 있는지의 문제라고 할 수 있다. 우리나라에서는 소멸시효기간과 제척기간에 대한 구분기준이 명확하게 확립되어 있지 않으므로 관련 논의를 통하여 위법계약해지권 행사기간의 법적성격에 대하여 검토한다.

1. 소멸시효기간과 제척기간의 의의

시효란 일정한 사실상태가 오랜 기간 계속된 경우에 진정한 권리관계에 합치하는지 여부를 묻지 않고서 그 사실상태 그대로의 법률효과를 인정하는 제도인데,[91] 그 중 소멸시효는 권리자의 권리불행사라는 사실상태가 계속된 경우에 일정한 기간의 경과로 권리 소멸의 효과가 발생하는 시효를 말한다. 소멸시효는 객관적으로 권리가 발생하여 그 권리를 행사할 수 있는 때로부터 진행하고 그 권리를 행사할 수 없는 동안은 진행하지 않는데, 여기서 '권리를 행사할 수 없는' 경우라 함은 그 권리행사에 법률상의 장애사유, 예컨대 기간의 미도래나 조건불성취 등이 있는 경우를 말하는 것이고, 권리의 존재나 권리의 행사가능성을 알지 못하였다는 사실은 법률상 장애사유에 해당하지 않는다.

그에 반해, 제척기간이란 일정한 권리에 대하여 법률이 미리 정한 해당 권리의 존속기간을 의미하는 것으로서, 권리의 신속한 행사를 통한 법률관계의 조속한 확정을 위한 제도이다.[92] 제척기간은 소멸시효와 구별되는 개념으로 형성권과 관련하여 많이 사용된다. 즉, 처음부터 해당 권리의 존속기간을 예정하고 있다는 점에서 소멸시효와 구별되고, 해당 기간 내에 권리행사가 있거나 채무자(상대방)의 승인이 있으면 보전된다는 점에서 권리행사기간으로서의 성질을 가진다.[93] 소멸시효는 법률에 기해서만 인정되는 반면, 제척기간은 당사자의 약정에 의해서도 성립할 수 있는데, 법률의 규정에 의한 것을 법정제척기간이라 하고 당사자의 합의에 의한 권리행사기간을 약정제척기간이라고 한다.

소멸시효와 제척기간에는 다음과 같은 차이점이 있다. 첫째, 소멸시효는 소급효가 있어 시효 완성시 그 기산일에 소급하여 권리가 소멸하지만, 제척기간의 경우에는

---

91) 송덕수, 전게서, 220면; 지원림, 전게서, 382면.
92) 대법원 1995. 11. 10. 선고 94다22682,22699(반소) 판결.
93) 김진우, "소멸시효와 제척기간", 「재산법연구」 제25권 3호, 한국재산법학회, 2009, 166면.

장래효에 의하여 그 기간이 경과하는 때에 권리가 소멸하고 법률관계가 확정된다. 둘째, 소멸시효는 권리자의 청구, 압류 등에 의한 중단이 인정되나, 제척기간은 시효중단이 적용되지 않는다. 셋째, 제척기간의 도과여부는 소송상 법원의 직권조사사항으로 당사자의 주장을 필요로 하지 않는 반면, 소멸시효의 완성은 법원의 직권조사사항에 해당되지 않고 소송상 당사자가 원용하여야 비로소 고려된다. 즉, 소멸시효 완성으로 채무는 당연히 소멸하나 당사자는 이를 원용하지 않음으로써 시효이익을 포기할 수 있다. 그러나 제척기간은 기간의 도과로 권리가 소멸하므로 포기할 수 없다. 마지막으로, 소멸시효기간은 법률행위에 의하여 단축이 가능하나(민법 제184조 제2항), 제척기간은 불가능하다. 다만 둘 다 합의 하에 연장이 가능하다.

한편 불완전판매의 경우 소송을 통하여 계약의 위법성이 인정되어도 해당 계약 자체는 유효하여 소비자에게 불리한 계약이 계속되는 문제가 있었고, 이에 대한 해결책으로써 위법계약해지권은 불완전판매 사실을 증명하면 바로 해지권을 행사할 수 있도록 함으로써 법률관계를 신속히 확정하고자 하고 있다. 이처럼 소비자 보호를 강화하기 위하여 판매업자의 고의·과실 여부를 불문하고 불완전판매행위에 대한 증명만으로 위법계약해지권의 행사를 인정하고 있는 점, 종전에 없던 소비자의 계약 종료권한이 입법화된 제도인 점 등을 고려할 때, 그 행사기간을 제척기간으로 보아 장래효를 가진다고 해석하는 것이 입법목적에 부합하는 해석이라고 생각된다.

2. 소멸시효와 제척기간의 구별기준

학설은 일반적으로 법률규정의 문구를 기준으로 소멸시효와 제척기간을 구분한다. 즉 "시효로 인하여"라고 명시되어 있으면 소멸시효기간이고 그렇지 않으면 제척기간이라고 한다.[94] 이와 같은 구분은 일본과 동일한 것으로, 일본 또한 원칙적으로 법문에 "시효에 의하여"라고 명시되어 있으면 소멸시효라고 해석한다. 한편 독일은 제척기간이라는 용어를 법문언에 명시하고 있지는 않으나, 소멸시효의 적용을 받는 때에는 "소멸시효에 걸린다"고 규정하고, 제척기간이 적용되는 때에는 "-이내에 행사하여야 한다"고 하여 그 구분을 명확히 하고 있다.[95] 이처럼 우리 민법상 양자의 구별기준에 대하여 명문의 규정이 없는 관계로 어떠한 권리를 형성권으로 볼 것인지 청구권으로 볼 것인지, 소멸시효의 대상으로 볼 것인지 제척기간의 적용을 받는다고 볼 것인지 등에 대한 많은 논란이 있고, 결국 양자의 구별은 권리의 성질, 법문언의 형식 및 내용, 규정의 취지 등을 종합적으로 고려하여 판단하여야 할 것이다.[96]

---

94) 지원림, 전게서, 385면.
95) 예컨대 독일 민법 제651조의 g를 보면, Ausschlussfrist, Verjährung으로 나누어 전자에 대하여는 "1월 이내에 행사하여야 한다."고 하여 제척기간을 규정하고 후자에 대하여는 "2년의 소멸시효에 걸린다."고 규정하여 소멸시효 기간을 규정하고 있다(윤일구, 전게논문, 685면).
96) 고상룡, 『민법총칙(제3판)』, 법문사, 2003, 664면; 윤일구, 전게논문, 686면; 김진우, 전게논문, 10면.

생각건대, 위법계약해지권은 "시효로 인하여"라는 표현이 없고, "-이내에" 행사할 것을 예정하고 있으므로 소멸시효로 볼 수 없고, 제척기간으로 보는 것이 타당할 것이다. 다만, 위법계약해지권은 그 문언상 '요구할 수 있다'고 규정되어 있어 현재의 문언상으로는 청구권으로 볼 여지도 있어, 청구권에도 제척기간이 적용될 수 있는지에 여부도 함께 살펴볼 필요가 있다.

3. 형성권·청구권과 제척기간의 관계

형성권은 권리자의 일방적인 의사표시에 의하여 법률관계를 변동시키기 때문에 법적안정성 및 명료성을 기할 필요성이 크다. 따라서 형성권에는 시효의 중단, 단축 등의 적용을 배제하는 제척기간이 적용된다. 그러나 청구권 외의 권리는 모두 제척기간이 적용되는 것이 아니고, 청구권이라고 하여 제척기간의 적용을 받지 못하는 것도 아니다. 요컨대 청구권은 일반적으로 소멸시효에 걸리는 권리이지만, 입법자의 입법재량에 따라 제척기간의 적용을 받을 수도 있다.[97] 예컨대, 점유보호청구권(민법 제204조), 도품·유실물의 반환청구권(민법 제250조), 수급인의 담보책임(민법 제670조) 등의 경우, 해당 권리 자체는 청구권이지만 행사기간은 제척기간으로 본다.

위법계약해지권 또한 문구와 무관하게 제도의 취지 및 행사효과 등에 비추어 볼 때 제척기간으로 해석되므로 당사자의 합의로 단축하거나 중단할 수 없다. 다만 형성권인지 청구권인지에 따라 제척기간 내에 권리를 행사하였을 경우의 효과가 달라질 뿐이다.

Ⅱ 행사기간 제한의 적절성

위법계약해지권은 계약 체결에 대한 위반사항을 안 날부터 1년, 계약 체결 시로부터 5년 내에 행사하여야 한다. 해지권의 행사기간에 대하여 계약 체결 후 5년의 기간은 기존의 청약철회권과 비교할 때 지나치게 장기간으로서 법률관계를 불안정하게 할 가능성이 있고, 5년이라는 해지기간을 설정함으로써 금융상품판매업자등이 최장 5년 동안 언제든지 계약이 해지될 수 있다는 새로운 위험에 노출되었고, 따라서 기회비용이 금리에 반영되어 소비자의 부담이 증가할 것이라는 견해[98]가 있는 반면, 계약 성립의 기초에 중대한 하자가 있는 경우이므로 당사자 사이의 신뢰관계가 크게 저해되

---

[97] 김진우, 상게논문, 3면.
[98] 김주영, "금융소비자의 사후권리구제 제도의 평가 및 제언", '금융소비자보호 기본법 제정 관련 쟁점'정책심포지엄, 2016, 39~40면; 박지영, "금융소비자 보호제도에 관한 연구", 「연세 글로벌 비즈니스 법학연구」 제10권 1호, 연세대학교 법학연구원, 2018. 06, 102면; 공민준, "금융소비자보호법에서의 사후구제 제도에 관한 고찰", 「금융소비자연구」 제11권 제2호, 한국금융소비자학회, 2021, 78면.

어 계약상대방이 이를 알게 된 때에는 기간의 제한 없이 계약관계의 종료를 인정하여야 한다는 의견 또한 있을 수 있다. 따라서 계약 체결 시로부터 5년으로 행사기간을 제한하는 것이 적절한지에 대하여도 살펴볼 필요성이 있다. 해지권 행사기간의 제한의 적절성 및 해당 기간의 적절성여부는 계약의 성격, 계약 당사자 사이의 관계, 계약에 대한 의존도, 계약 기간 등의 제반 사정을 종합적으로 고려하여 해당 기간이 적절한지 여부를 검토하여야 할 것이다. 이와 관련하여, 기간의 정함이 없는 형성권의 제척기간에 대하여 고찰한 후, 민사법상 형성권들의 제척기간의 사례를 통하여 형성권의 제척기간의 법적 성격과 기간제한은 어느 정도로 하여야 할지에 대해 살펴보고, 이를 통해 위법계약해지권에 설정된 제척기간의 적절성을 검토한다.

1. 기간의 정함이 없는 형성권과 제척기간

(1) 형성권과 실효의 법리

해제권과 같이 기간의 정함이 없는 형성권의 경우에는 실효의 법리를 적용할 수 있다. 실효의 법리란 신의칙이라는 일반조항을 바탕으로 하는 것으로 형성권의 상대방은 형성권자의 형성권의 행사에 정당한 이익을 가지고 대비할 것이므로 형성권자의 권리행사가 지나치게 지연되어 권리의 불행사를 신뢰하게 만든 상황에서 시도되는 형성권의 행사는 신의성실에 반하여 유효하지 않다는 것이다. 따라서 형성권의 실효는 형성권자가 자신에게 형성권이 주어진 것을 알면서 신의칙에 반하는 일정한 용태를 한 것에 대한 불이익한 법적결과라고 할 수 있다.[99]

신의칙을 기반으로 하여 형성권을 실효시키기 위해서는 권리행사의 지체라는 시간적 요건과 형성권자가 권리를 행사하지 않을 것이라는 상대방의 정당한 신뢰에 반한다는 상황적 요건을 필요로 한다. 이 두 가지 요건이 모두 갖추어질 때 형성권의 실효가 이루어진다. 그러나 실질적으로 상황적 요건을 충족시키는 것이 어렵기 때문에 형성권의 실효가 인정되는 것은 쉽지 않다. 형성권자가 권리불행사에 대한 신뢰를 주는 것에 어떠한 유책사유가 있을 것을 요구하고 있지 않고, 형성권의 상대방이 가지는 형성권 불행사에 대한 신뢰는 주관적인 요소라는 점에서 이를 기반으로 한 형성권 실효의 인정을 어렵게 한다. 이리하여 형성권의 경우에는 문제가 발생한 시점에 형성권자가 해당 권리를 행사하지 않았다는 객관적 징표가 형성권 실효의 판단에 더욱 중요한 역할을 한다. 그렇다고 하여 형성권 행사의 지체만으로 형성권을 실효시킬 수는 없기에 독일의 학설과 판례는 형성상대방에게 '기간설정권'을 인정하고 있다. 즉, 형성상대방은 상당한 기간을 정하여 형성권자에게 자신의 형성권을 행사할 의사가 있는지 여부에 대한 답변을 요구할 수 있고, 해당 기간이 도과하면 형성권이 소멸한다고 보는 것이다.

---

[99] 김영희, 전게논문, 252면.

이러한 형성상대방의 기간설정권을 통한 기간 설정과 기간 도과로 인한 형성권의 실효는 형성상대방의 이익만을 위한 제도는 아니다. 오히려 실효의 법리에서 '형성상대방의 권리불행사에 대한 신뢰'라는 상황적 요건을 객관화하는 효과가 있고, 이를 통해 전체 법률관계를 명료히 하는 장점이 있다고 볼 수 있다.

(2) 기간의 정함이 없는 형성권의 제척기간

기간의 정함이 없는 형성권의 행사기간을 어떻게 볼 것인지에 대하여 견해의 대립이 있다. 구체적으로 ① 제척기간이 정해지지 않은 형성권은 민법 제162조 제2항의 채권 및 소유권 이외의 재산권에 해당한다고 보아 원칙적으로 20년 내에 행사해야 하고, 그 전이라도 실효의 요건을 갖추면 실효된다는 견해(이하 '20년설'), ② 제척기간이 정해지지 않은 형성권 행사의 효과로 발생하는 손해배상청구권, 원상회복청구권 등은 10년의 소멸시효의 적용을 받게 되는데, 형성권이 이와 달리 더 장기간이나 단기간의 제척기간의 적용을 받게 된다면 형성권이 그 행사의 효과로 발생하는 청구권보다 먼저 소멸하거나 혹은 청구권이 형성권보다 먼저 소멸하게 되는 불합리한 결과가 도출되므로[100] 청구권과 동일하게 10년의 제척기간이 적용된다고 보는 견해(이하 '10년설')[101]가 있다. 그밖에 ③ 제척기간의 정함이 없는 형성권은 행사기간의 제한이 없는 것으로 보아야 하고, 형성권 발생의 기초가 된 법률관계를 고려하여 개별적으로 결정하여야 한다는 견해,[102] 및 ④ 당사자간에 약정이 있는 경우에는 약정에 의하여 그 기간을 정할 수 있고, 약정이 없는 경우에는 형성권을 발생시킨 기초적인 법률관계에 의하여 기간이 획정되어야 하고, 그에 의하여 정하여지지 않는 경우에는 신의성실의 원칙에 의하여 정한다는 견해[103]가 있다.[104]

판례는 징발재산 환매권을 제척기간의 정함이 없는 형성권으로 보면서 그 행사기간을 10년으로 해석한 바 있고,[105] "매매예약의 완결권은 일종의 형성권으로서

---

100) 예컨대 계약해제권을 행사하면 그 결과 발생하는 원상회복청구권이나 손해배상청구권은 채권으로서 10년의 소멸시효에 걸리게 되는데, 이러한 법률관계를 생기게 하는 해제권 그 자체는 소멸시효에 걸리지 않는다거나 혹은 20년의 소멸시효에 걸린다고 한다면, 계약을 체결한 후 얼마 안 가서 해제하면 10년으로 청산할 권리가 없어지게 되나, 해제함이 없이 내버려 둔다면 법률관계가 확정되지 않거나 최소한 20년 동안은 청산할 수 있다는 결과가 되어 균형을 잃게 된다(이홍렬·이기용, "제척기간에 관한 소고", 성균관법학 제19권 제3호, 성균관대학교 법학연구원, 2007, 662면).
101) 곽윤직, 전게서, 317면; 김상용, 전게서, 808면; 고상룡, 전게서, 664면.
102) 이은영, 전게서, 785면; 윤진수, 민법주해[Ⅲ], 박영사, 1992, 428면; 김영희, "권리 행사의 시간적 제한에 관한 일 고찰", 「민사법학」제29호, 한국민사법학회, 2005. 09. 26면.
이은영, 785면/윤진수 428면은 이 방법으로 해결이 불가능한 경우에는 실효의 법리로 해결할 것을 제안하고 있고, 김영희, 26면은 이는 형성권의 기초가 된 권리의 소멸시효의 문제로 파악하는 것과는 별개임을 명확히 하고 있다.
103) 김증한, "소멸시효론", 「민법논집」, 서울대학교출판부, 1982, 325~335면; 오종근, "매매예약완결권의 행사기간", 「민사법학」제31호, 한국민사법학회, 2006, 246~247면.
104) 이홍렬·이기용, 전게논문, 663면.
105) 대법원 1990. 1. 12. 선고 88다카25342 판결.

당사자 사이에 그 행사기간을 약정한 때에는 그 기간 내에, 그러한 약정이 없는 때에는 그 예약이 성립한 때로부터 10년 내에 이를 행사하여야 하고, 그 기간을 지난 때에는 예약 완결권은 제척기간의 경과로 인하여 소멸한다"고 판시하여 10년설을 취하고 있는 것으로 보인다.[106]

생각건대, 20년설은 형성권을 소멸시효가 아닌 제척기간의 적용을 받는 것으로 보면서 소멸시효에 관한 규정을 법적 근거로 삼고 있으므로 설득력이 없으며, 지나치게 장기간 권리의 존속을 인정하는 것으로 제척기간의 취지에 맞지 않는다. 10년설 역시 20년설과 같이 이러한 '일정한 존속기간'을 인정할 실정법적 근거가 없다. 한편 10년설은 형성권을 행사하면 그 결과로 청구권과 같은 채권적 권리가 발생하게 되는데, 이들 청구권은 민법 제162조 제1항에 의하여 10년의 소멸시효의 적용을 받기 때문에 존속기간이 정해지지 않은 제척기간 또한 10년의 행사기간의 제한을 받는 것으로 보아야 한다고 주장한다. 그러나 형성권 행사의 결과로 발생하는 청구권과 형성권은 법적성격이 상이한 별개의 권리이기 때문에 이 두 권리가 같은 권리행사기간을 가져야 할 연관성을 찾기 힘들다.

따라서 제척기간이 정해지지 않은 형성권의 경우에는 행사기간이 없지만 그렇다고 하여 무한정 인정되는 것은 아니고, 해당 형성권과 선택적 관계에 있는 소멸시효가 있을 경우에는 해당 소멸시효기간과 동일한 기간의 적용을 받고, 선택적 관계에 있는 소멸시효가 없을 때에는 '실효의 원칙'이 인정된다고 봄이 타당하다. 이하에서는 다수설이자 판례의 입장에 따라 10년설의 입장에서 다음 논의를 진행하도록 한다.

(3) 제척기간의 기산점

제척기간이 정해지지 않은 형성권의 존속기간을 10년으로 해석할 경우, 그 기산점을 어떻게 볼 것인지가 문제된다. 판례는 "제척기간은 권리자로 하여금 당해 권리를 신속하게 행사하도록 함으로써 법률관계를 조속히 확정 시키려는데 그 제도의 취지가 있는 것으로서, 그 기간 진행의 기산점은 특별한 사정이 없는 한 원칙적으로 권리가 발생한 때"라고 하여 권리가 발생한 때를 기산점으로 보고 있다.[107] 이에 따르면 매매예약완결권의 기산점은 예약성립시가 될 것이나, 민법 제166조를 유추적용하여 매매예약완결권의 행사가능시점을 기산점으로 보는 견해도 있다.[108] 이 견해는 제척기간 또한 소멸시효와 같이 권리를 행사할 수 있는 시점부터 기산되어야 한다는 입장에 근거한 것으로, 최근 상속회복청구권에 대한 헌법재판소의

---

106) 대법원 1992. 7. 28. 선고 91다44766,44773 판결.
107) 대법원 1995. 11. 10. 선고 94다22682,22699(반소) 판결; 대법원 2003. 1. 10. 선고 2000다26425 판결; 대법원 2018. 11. 29. 선고 2017다247190 판결 등.
108) 김영희, 전게논문, 33~34면; 편집대표 김용담, 『주석민법[채권각칙 (2)]』, 한국사법행정학회, 2016, 348면(오종근 집필부분).

결정과 궤를 같이한다. 헌법재판소는 제척기간인 상속회복청구권의 행사기간이 기본권을 침해한다고 판시하였고,109) 개정 민법은 그 기산점을 상속권의 침해행위시로 변경한 바 있다. 또한「가등기담보 등에 관한 법률」제11조의 말소청구권 또한 제척기간임에도 그 기산점을 변제기로 정하고 있는 점 등에 비추어 볼 때, 기간이 정해지지 않은 형성권의 기산점을 일률적으로 권리발생시점이라고 단정하여서는 안 될 것이다. 생각건대, 권리불행사에 대한 제재라는 의미에 부합하기 위해서는 제척기간의 기산점은 권리를 행사할 수 있는 때로 보아야 할 것이다.

결론적으로 보통 형성권의 기산점을 권리가 발생한 때 또는 형성권을 행사할 수 있는 때부터로 보는데, 위법계약해지권은 금융상품판매업자의 법위반사실을 안 때로부터 1년, 계약 체결시점부터 5년이라고 정의하고 있다. 즉, 위법계약해지권을 형성권으로 보고 해당 기간을 제척기간으로 보게 되면 그 기산점은 권리를 행사할 수 있는 때로부터이고, 여기에서 권리를 행사할 수 있는 때는 계약의 성립시점이다. 따라서 기존 다수설과 판례가 기간의 정함이 없는 형성권의 행사기간을 10년으로 보는 것에 비교하면 위법계약해지권의 5년의 권리행사기간이 지나치게 장기간이라고 보기는 어렵다.

2. 기간의 정함이 있는 형성권과의 비교

민법은 개별 법률등을 통하여 행사기간의 정함이 있는 형성권들을 두고 있다. 대표적으로 취소권의 소멸(제146조), 채권자취소권(제406조), 상속회복청구권(제999조) 등이 이에 해당한다. 위법계약해지권은 민법상 취소, 해지권과 비견될 수 있고, 민법상 취소권의 행사는 그 사유를 안 날로부터 3년, 법률행위를 한 날로부터 10년으로 정하고 있다(민법 제146조)는 점에 비추어 보면 최장 5년의 행사기간은 지나치게 길다는 견해가 있다.110) 반대로 민법상 취소권이 법률행위를 한 날부터 10년이고, 계약해제권 또한 형성권으로서 10년의 제척기간을 두고 있는 점과 비교하면 5년이라는 기간이 장기라고 보기 어렵다는 반론이 제기될 수 있다. 이에 대하여는 다시 소비자가 해지권 발생사실을 알면서도 그 행사여부를 조기에 결정하지 않고 5년이나 두고 보며 유불리에 따라 해지권 행사여부를 선택하는 것은 해지의 본지를 넘어 일종의 풋옵션을 부여한 것처럼 되어버려 계약적 등가성은 물론, 금융규제의 관점에서도 지나치다는 재반론이 제기될 수 있다. 전술한 바와 같이 해지권 행사에 인과관계를 요하지 않는다고 해석할 경우 더욱 그러하다.

이 논점은 해지권 발생 사유의 증명과 발견, 금융소비자의 해지 사유에 대한 인지 및 해지권 행사의 용이성 정도, 불완전판매시를 기산점으로 한 획일적인 행사기간 제시의 필요성 등과도 관련된 문제로서 선뜻 결론을 내리기 어려운 문제이다. 다만,

---

109) 헌법재판소 2001. 7. 19. 선고 99헌바9 등 결정.
110) 박지영, 전게논문, 102면.

제정안과 달리 현재 법률에서 단기의 기산점을 제시하고 있다는 점에 주목할 필요가 있다. 즉, 위법계약해지권은 계약 체결일로부터 5년 이외에 안 날로부터 1년이라는 단기의 행사기간을 별도로 설정함으로써 소비자가 위법계약 사실을 인지한 후에도 수년간 두고 보며 자신의 이익에 따라 해지권 행사여부를 선택하는 가능성을 차단하고 있다. 민법의 형성권 규정들 또한 통상적으로 민법상 형성권의 제척기간을 권리를 행사할 수 있는 때로부터 10년의 기간 이내에서 형성권 발생사실을 안 날로부터 1년 혹은 3년의 기간을 두고 있다.

권리행사기간으로부터 10년의 기간을 둔 것은 학설과 판례가 기간의 정함이 없는 형성권의 행사기간을 10년으로 보는 것과 같고, 이에 비하면 위법계약해지권의 5년이라는 기간은 과도하게 길다고 보기 어렵고, 상사거래의 특성을 반영하여 그 기간을 축소한 것으로 판단된다. 상법 제64조 제1문은 "상거래로 인한 법률관계를 보다 신속히 청산하도록 할 취지"로 5년의 소멸시효를 규정하고 있다. 즉, 상거래는 일반 민법상 법률관계에 비하여 법률관계를 신속히 확정할 필요성이 항상 강조되어 왔다. 금융거래 역시 상사거래의 일종으로 법률관계를 신속히 확정할 필요성이 적지 않으므로 이와 같은 필요를 반영하여 계약이 체결된 때부터 5년의 비교적 단기간의 제척기간을 두고 있는 것으로 보인다.

한편, 위법계약해지권의 안 날로부터 1년이라는 기간이 상법 제638조의3[111])의 행사기간에 비하여 지나치게 장기간인 것이 아닌지 의문이 제기될 수 있다. 그러나 취소와 해지의 대상이 다르고 성격이 다르므로 안 날로부터 1년이라는 기간이 지나치다고 할 수 없다. 우선 성격과 관련하여, 취소가 소급효로 더 강력하다. 그렇기에 단기의 제척기간을 둔 것이고, 그에 비하여 위법계약해지권은 장래효로 과거의 법률관계에는 영향을 미치지 않는다. 또한 위법계약해지권의 적용범위는 약관 설명의무 위반으로 인한 취소권의 적용범위보다 좁다. 따라서 위법계약해지권의 제척기간이 민법, 상법상의 제척기간의 정함에 비하여 과도하게 길다고 보이지 않는다.

3. 사기에 의한 보험자의 계약 취소권과의 비교

보장성상품을 만드는 보험회사는 그 기초서류 중 하나로 보험약관을 작성하여야 한다(보험업법 제5조). 보험약관을 작성할 때에는 금융위원회에서 정한 표준약관을 기초로 약관을 작성하여야 하고, 보험약관을 작성하거나 변경하려는 경우 그 내용이 감독원장이 정하는 표준약관을 준용하지 않는 경우에는 미리 금융위에 신고하여야 한다(동법 시행령 제71조 제1항, 감독규정 제7-50조). 이처럼 표준약관은 다수의 보장성상품

---

111) 상법 제638조의3(보험약관의 교부·설명 의무) ① 보험자는 보험계약을 체결할 때에 보험계약자에게 보험약관을 교부하고 그 약관의 중요한 내용을 설명하여야 한다.
② 보험자가 제1항을 위반한 경우 보험계약자는 보험계약이 성립한 날부터 3개월 이내에 그 계약을 취소할 수 있다.

에서 적용되는 것이며, 금융감독원이 작성한 표준약관은 손해보험과 인보험[112] 모두 보험자의 계약 취소권에 대하여 정하고 있다.

표준약관에 따르면 계약자 또는 피보험자의 사기에 의하여 계약이 성립되었음을 보험회사가 증명하는 경우에는 보장개시일 또는 계약일로부터 5년 이내, 사기 사실을 안 날로부터 1개월 이내에 계약을 취소할 수 있다.[113] 주목할 점은 생명보험, 화재보험, 질병·상해보험(제17조), 실손의료보험(제15조) 모두 '계약일로부터 5년'의 취소기간을 인정한다는 점이다. 이는 보험계약의 구체적인 내용을 결정하는 기초가 되는 고지의무의 특성을 고려한 것이다. 보험계약자와 피보험자는 계약체결 단계에서 보험자의 정보부족을 염두에 두고 계약체결여부를 결정짓는 중요한 요소들을 알려야 하는데,[114] 이를 위반하였을 경우 보험자의 계약취소권을 인정하는 것이다.

이러한 고지의무의 인정근거는 기술성과 선의성 두 가지 특성에서 찾을 수 있다.[115] 선의성(윤리성)은 한번 계약이 체결되면 장기간 유지되는 계속적 계약성과 보험계약에 의하여 부담하는 급여의무가 우연한 사건의 발생에 의하여 결정되는 사행계약성에 따라 인정되는 특성으로,[116] 선의는 신의성실의 원칙에 기초한다. 고지의무가 보험자의 설명의무에 상대되는 의무인 점을 고려할 때, 설명의무를 비롯한 계약체결 단계에서 보험회사의 의무 또한 엄격하게 요구하여야 하고, 이를 위반하였을 때의 효과 역시 고지의무 위반의 경우에 상응하는 것이어야 한다. 사기에 의한 계약의 경우 계약일로부터 5년 이내에 소급효가 인정되는 취소를 인정하고 있는 점에 비추어 볼 때, 보험회사의 판매행위 규제원칙 위반의 경우 5년 이내의 해지를 인정하는 것이 지나치게 장기간이라고 볼 수 없다. 다만, 보험자의 계약취소권은 안 날로부터 1개월 이내에 행사하여야 하는 반면 보험계약자의 위법계약해지권은 안 날

---

112) 상법은 보험을 손해보험과 인보험으로 구분하고, 인보험은 다시 생명보험, 상해보험, 질병보험으로 구분한다. 이와 달리 보험업법에서는 손해보험, 생명보험, 제3보험으로 분류한다(김은경, 『보험계약법』, 보험연수원, 2016, 31면).
113) 생명보험 표준약관 제15조(사기에 의한 계약) 계약자 또는 피보험자가 대리진단, 약물사용을 수단으로 진단절차를 통과하거나 진단서 위·변조 또는 청약일 이전에 암 또는 인간면역결핍바이러스(HIV) 감염의 진단 확정을 받은 후 이를 숨기고 가입하는 등의 뚜렷한 사기의사에 의하여 계약이 성립되었음을 회사가 증명하는 경우에는 보장개시일부터 5년 이내(사기사실을 안 날부터는 1개월 이내)에 계약을 취소할 수 있습니다.
화재보험 제17조(사기에 의한 계약) 계약자, 피보험자 또는 이들의 대리인의 사기에 의하여 계약이 성립되었음을 회사가 증명하는 경우에는 계약일부터 5년 이내(사기사실을 안 날부터 1개월 이내)에 계약을 취소할 수 있습니다.
114) 김은경, 전게서, 188면.
115) 고지의무의 인정근거에 대한 학설은 ① 일반계약법리에서 근거를 찾는 견해(의사합치설, 신의성실설, 담보설, 일반착오설), ② 보험자와 보험계약자 사이의 특별한 관계에서 근거를 찾는 견해(최대선의설, 사행성설, 계약당사자 평등설), ③ 보험사업의 경제적 특수성에서 찾는 견해(위험측정설, 위험공동체설) 등이 있다. 상세한 내용은 한기정, 『보험법』, 박영사, 2021, 208-209면 참조.
116) 통설은 보험계약의 사행계약성에 의거하여 (최대)선의성이 인정된다고 본다. 선의와 최대선의의 구분에 대하여는 한기정, 『보험법』, 박영사, 2021, 49-51면 참조.

로부터 1년의 기간을 인정하여 이에 대한 지적이 있을 수 있다. 생각건대 취소와 해지의 행사효과의 차이와 조직화된 회사에 비하여 개인은 법적 권리 행사에 더 큰 어려움을 겪을 수 있는 점 등을 고려할 때 안 날로부터 1년이 지나치게 길다고 단정하기는 어려우나, 단기의 행사기간의 적절성에 대하여는 추가적인 논의와 검토가 이루어져야 할 것으로 보인다.

4. 소 결

형성권의 상대방은 자신의 의사와 무관하게 언제든지 권리변동이 일어날 가능성을 항상 예견하고 대비하여야 한다. 이러한 유동적 상황은 법적 안정성이라는 요구와 원칙적으로 배치될 여지가 있고, 이는 형성권의 강력한 형성효를 생각할 때 더욱 그러하다. 위법계약해지권의 행사기간 또한 법적 안정성과 신의칙의 관점에서 그 기간이 지나치게 장기간이라 권리의 남용에 해당하게 된다면 행사기간을 일정한 기간으로 제한할 필요가 있을 것이다.

생각건대, 위법계약해지권이 규정되기 전에는 금융계약은 계속적 계약으로서 계약의 유지를 기대할 수 없는 중대한 사유가 있을 때에는 기간의 제한 없이 해지권 행사가 가능했고, 판례는 행사기간의 정함이 없는 형성권에 대하여 10년의 제척기간을 인정해왔다. 따라서 위법계약해지권이 없었더라도 영업행위 준수사항을 위반하면 그 위반의 정도에 따라 해지가 인정되었을 것이고, 그때 해지권 행사기간은 10년이 되었을 가능성을 배제하기 어렵다. 즉, 위법계약해지권의 행사기간을 정하지 않을 경우에 오히려 금융상품판매업자등은 언제 해지권이 행사될지 모른다는 불안정한 상태에 장기간 놓이게 되므로, 위법계약행사권의 행사기간을 정한 것 자체는 매우 타당한 입법적 결단이라고 볼 수 있다.

또한 해당 기간의 적절성을 판단함에 있어서 장기계약이라는 금융상품의 특성을 고려할 필요가 있다. 즉, 계약체결단계에서의 적합성·적정성원칙위반, 설명의무 위반과 같은 위법행위로 인한 피해는 통상 상당한 기간을 두고 진행되다가 금융 환경이 급변하는 순간 드러난다는 점을 고려할 때, 지나치게 단기의 권리행사기간은 위법계약해지권을 유명무실한 제도로 만들 가능성이 있다. 이때문에 계약이 체결된 때로부터 5년이라는 비교적 장기의 기간을 인정한 것으로 이해된다.[117] 또한 위법계약해지권이 계약이 성립한 때부터 5년의 제척기간은 판례가 정한 기간의 정함이 없는 형성권의 행사기간보다는 짧고, 상법상 상거래의 소멸시효와 같다. 이는 법으로 형성권의 행사기간을 특정하지 않았을 경우와 비교하여 그 행사기간을 단축한 것으로 볼 수 있고, 이처럼 기간을 단축한 것은 금융거래의 조속한 안정의 필요성 및 소비자보호와 소비자부담증가 사이의 균형을 고려한 결과로 보인다.

---

117) 이상훈, 전게논문, 229면.

한편, 기존의 보험법 등에서 인정되었던 청약철회권은 소비자와 사업자의 의사와 관계없이 일정 기간 동안의 해제조건부 사용대차계약을 체결하도록 강제하는 결과를 초래하여, 계약관계를 불안정하게 만들 뿐 아니라 소비자에게 기회주의적 행동을 유발한다는 비판이 있었다. 많은 소비자가 기회주의적 행동에 동참할수록 사업자가 지출하는 비용이 늘어나고, 이는 소비자가 부담하는 가격의 불필요한 상승을 유발하게 된다.[118] 또한 경제적 관점에서 볼 때 과도한 소비자보호는 공급차별화의 가능성을 제한하여 소비자의 선택권 역시 제한하는 결과를 초래하게 되기 때문이다.

해지권은 청약철회권과 달리 이미 이행된 내용은 확정적으로 유효하고, 장래를 향하여 효력을 상실할 뿐이므로 소비자와 사업자를 불안정한 법률관계에 둔다고 보기 어렵다. 그러나 계약이 장래를 향하여 무효가 될 가능성 자체만으로도 일정 부분 법적 안정성을 해하는 효과가 있음을 부인하기 어렵고, 민법상 해지권이나 개별법률 및 약정상의 임의해지권과 달리 위법계약해지권은 그 행사의 효과로서 청산의무가 발생하는데, 금융위원회의 유권해석에 따르면 통상의 계약해지와 달리 위법한 계약의 경우에는 판매자가 해지와 관련된 비용(중도상환수수료, 환매수수료, 위약금 등)을 소비자에 부과할 수 없고 별도의 손해배상청구 또한 가능하기 때문에 판매업자는 자신이 이미 지출한 사업비를 소비자에게 전가할 수 없다. 즉, 경제적 관점에서 위법계약해지권의 행사는 금융상품판매업자의 부담을 증가시키고, 이것이 소비자가 부담하는 가격의 상승을 유발할 가능성을 완전히 배제하기 어렵다. 따라서 위법계약해지권을 무제한적으로 인정하여서는 안 되고, 소비자부담의 증가와 소비자보호의 사이에서 적절한 균형을 도모하여야 한다는 점을 고려하여 위법사실을 안 때로부터 1년이라는 단기의 기간을 정한 것으로 이해된다. 이처럼 기존의 민사법상 계약의 종료제도의 행사기간들과 비교했을 때 그 기간이 지나치게 길다고 생각되지는 않으며, 추후에 실제 분쟁사례들이 축적되면 이를 통한 새로운 논의들이 진행될 수 있을 것으로 보인다.

---

118) 실제로 미국의 경우 생산자책임법을 강화하자, 보험업계 전체가 갑작스러운 위기상황에 봉착하였던 전례가 있다. 이에 관한 자세한 설명은 Roger Van den Bergh, "Wer schüz den europäischen Verbraucher vor dem Brüsseler Verbraucherschutz? - Zu den möglichen adversen Effekten der europäischen Richtlinien zum Schutze des Verbrauchers" In: Effiziente Verhaltenssteuerung und Kooperation im Zivilrecht, Tübingen, 1997, S. 77 ff.

글을 마무리하며

　금융소비자보호법은 금융상품판매업자 및 금융상품자문업자의 영업에 관한 준수사항과 금융소비자정책 및 금융분쟁조정절차 등에 관한 사항을 규정하여 금융소비자보호의 실효성을 높이고자 제정되었다. 이를 위하여 각 금융업권법에 별개로 산재하여 있던 영업행위 준수사항을 통일적으로 규정하고, 금융소비자를 정의하여 보호의 대상과 그 권리·의무의 내용을 구체화하였고, 금융상품판매업자 유형을 통일하고 금융상품자문업자를 신설하여 이 법의 적용을 받아 각종 규제를 준수하여야 하는 행위 주체를 구분하였으며, 금융분쟁조정제도 및 계약의 종료와 손해의 전보제도를 규율함으로써 실제적인 소비자보호가 이루어지도록 하였다.

　금융소비자보호법은 모든 금융업을 업권별로 분류하지 않고, 금융상품을 기준으로 분류한 뒤, 각 상품에 따라 규제를 적용하도록 하였다는 점에서 기존 법제와 법체계가 다르고, 특히 판매행위 규제원칙 위반시의 위법계약해지권 행사는 ① 그동안 오직 민법에만 맡겨져있었던 소비자구제를 금융영역으로 가지고 왔고, ② 불완전판매에 대하여 손해배상형 해결만을 인정하였던 것에서 나아가 계약해소형 해결을 인정하였다는 점에서 그 의의가 있다. 위법계약해지권이 신설되기 이전에는 예금계약, 주식매매, 보험상품과 같이 제한적인 상품군에서만 임의해지권이 인정되었고, 그 외에는 당사자 간의 약정에 의하거나 법에 정한 사유가 아니면 계속적 계약의 해지가 불가능하여 당사자의 의사결정의 자유를 지나치게 구속하고, 특히 불완전판매로 체결된 위법한 계약을 유지하는 것이 계약상대방의 정당한 신뢰를 해치는 결과가 될 수 있다는 문제가 있었다. 신뢰관계를 해치는 불완전판매상품 계약의 유지는 민원해지의 증가로 이어졌고, 이는 소비자와 판매업자 모두에게 불필요한 분쟁으로 인한 경제적 비용의 낭비라는 고질적인 문제로 남았다.

　계약체결단계에서의 위법행위, 즉 불완전판매로 인한 계약체결의 경우에 손해배상책임을 묻는 것과는 별개로 금융소비자가 어떠한 위약금이나 수수료 등의 부담 없이 위법한 계속적 계약관계를 종료시킬 수 있는 권리가 필요하다는 인식 하에 도입된 위법계약해지권은 계약해소의 측면에서 민사특별법적인 성격을 가진다. 미국, 영국 및 일본이 금융상품의 불완전판매 등에 대하여 소비자에게 손해배상청구권을 인정하여 손해배상형 소비자 피해 구제 방식만을 채택하고 있는 것과 비교할 때 더욱 강화된 소비자피해 구제방안이고, 취소가 아닌 해지 법리를 택함으로써 이미 체결된 계약의 안정성을 고려한 절충적 구제방안이라고 평가할 수 있다. 또한 민법 개정안 논의 당시 계속적 계약의 일반 해지권 도입이 적극적으로 논의되었으나 최종적으로 입법되지 못하였다는 점을 고려할 때, 위법계약해지권은 금융영역에 민사특별법의 성격으로 계속적 계약의 일반 해지권이 먼저 도입된 것이라고도 평가할 수 있을 것이다.

위법계약해지권은 위반행위만 있으면 다른 요건을 증명할 필요 없이 중도해지 수수료 등의 부담에서 벗어나 장기 계약관계에서 해방될 수 있다는 점에서 향후 현재의 불완전판매로 인한 해지 관련 민원을 상당 부분 대신할 것으로 보이는바, 그에 따라 위법계약해지권 행사과정에서 해지권의 성격, 해지 기간의 적절성 및 해지권 행사대상 확정 등에 있어서 많은 반론과 문제제기들이 이어질 것으로 예상된다. 이런 상황을 고려할 때, 위법계약해지권에 대한 활발한 연구와 그 법문언의 명확한 의미설정이 필요한 시점이라 할 것이고, 그에 따라 본서에서는 위법계약해지권의 행사요건상 보완이 필요한 부분 및 행사 효과의 해석상 논란이 될 수 있을 내용에 대하여 고찰한 뒤 대안을 제시함으로써 위법계약해지권에 관한 올바른 접근 방안을 제시하고자 하였다. 이를 정리하면 다음과 같다.

(1) 위법계약해지권 행사대상인 판매행위규제원칙 위반과 관련하여, 각 판매행위 규제원칙의 범위 및 내용에 대하여 먼저 살펴보았다. 적합성원칙과 적정성원칙의 경우 두 원칙 모두 계약체결 단계에서 해당 금융상품이 금융소비자에게 적합한지 여부를 판단한다는 점에서 동일하고, 다만 금융상품판매업자등과 소비자 중 누가 먼저 해당 상품에 대한 구매의사를 청약하였는지의 차이만이 있을 뿐이다. 적합성원칙은 과거 판례를 통하여 인정되었던 고객보호의무법리가 법제화된 것이고, 적정성원칙은 판례가 판매업자의 적극적인 계약체결 권유가 없는 경우에 적합성원칙의 추인이라는 법리를 통하여 금융상품판매업자의 책임을 인정한 것을 기화로 도입된 논리로서 이 또한 고객보호의무를 인정한 것이다. 그런데 계약체결단계에서의 정보의 비대칭성도 제한된 합리성도 동일한데 소비자의 청약이 먼저인지 금융상품판매업자의 청약의 유인이 먼저인지 여부에 따라 고객보호의무를 달리 취급할 타당한 근거를 찾기 어렵다. 따라서 두 원칙을 '소비자에 대한 고지의무'라는 제목 하에 일원화하여 규정할 것이 요구된다. 또한 그와 별개로 현재 적합성원칙상 '적합하지 아니한' 이라는 표현은 과도하게 추상적이어서 위반 여부를 증명하는 것이 쉽지 않고, 따라서 대부업법상 과잉대부금지와 같이 '객관적인 변제능력을 초과'하는 계약 체결을 금지하는 것으로 수정할 필요성이 있다. 마지막으로 보장성상품은 현재 적합성·적정성원칙 모두 '보험업법상 변액보험과 보험료 또는 공제료의 일부를 자본시장법에 따른 금융투자상품의 취득·처분 또는 그 밖의 방법으로 운용할 수 있도록 하는 보험 또는 공제'에만 적용되고, 투자성이 없는 일반보험에는 적용되지 않는다. 그러나 보장성상품의 특성상 일반보험도 금융소비자가 상품의 구조와 내용을 명확히 인지하여 자신의 필요와 상황에 부합하는 상품인지 여부를 판단하는 것은 여전히 쉽지 않아 여전히 해당 상품이 소비자에게 적합한 것인지에 대한 고지의 필요성이 크다. 이를 고려하여 미국, 영국, 일본 또한 의향파악의무, 수요와 필요 테스트 등 다양한 표현을 통해 완화된 형태의 적합성원칙을 적용하고 있다. 장래의 불확실한 위험에 대비는 계약으로 장기간에 걸쳐 보험계약이 이루어지고 그 시간동안 소비자의 상황도 다변화할 수 있는 만큼, 완화된 형태의 고지의무(적합성·적정성원칙)를 별도로 입법하여 보장성상품의 적용범위를 확대할 필요가 있다.

다음으로, 현행 법문상 전문금융소비자와 일반금융소비자 중 금융상품판매업자의 구매권유 없이 먼저 계약체결을 희망한 소비자에게는 설명의무가 적용되지 않는 한계가 있다. 설명의무는 소비자와 판매자 간의 정보의 비대칭으로 인한 교섭력의 차이를 시정하여 불공정계약이 성립되는 것을 사전에 차단하고, 고객이 정확하고 충분한 정보를 가지고 합리적인 투자판단을 하기 위한 전제가 되는 의무이자, 금융소비자의 자기책임의 전제가 되는 핵심의무이므로 금융소비자에게 계약체결 결과에 대한 책임을 묻기 위해서는 설명의무의 이행범위를 확대하여야 한다. 즉, 전문소비자인지 여부와 계약체결 권유여부를 불문하고 중요한 내용에 대한 설명의무를 이행하도록 하여, 금융소비자가 계약의 핵심 내용을 제대로 알고 계약을 체결하였다는 사실을 확인할 필요가 있다. 이것이 금융상품판매업자등에게 지나치게 과도한 부담을 지우는 결과가 되어 부당하다면, 고객에게 계약체결을 권유하지 않고 고객이 설명을 요청하지 않은 경우라도 ① 고객에게 설명의무를 요청할 권리가 있다는 사실과 ② 설명의무 위반은 위법계약해지권의 대상이 된다는 사실을 알릴 의무 및 ③ 설명의무 이행시에 교부하는 핵심 설명서 교부의무는 모든 금융소비자를 대상으로 인정되어야 할 것이다.

(2) 위법계약해지권의 행사요건으로서 각 판매행위 규제원칙 위반은 금융소비자보호법 제17조 제3항, 제18조 제2항, 제19조 제1항·제3항, 제20조 제1항 또는 제21조를 위반하여 금융상품에 관한 계약을 체결한 경우로 한정하여 인정된다. 즉, 계약체결권유 과정에서의 절차적인 위법은 위법계약해지권의 대상이 되지 않고, 최종적으로 적합성 판단의무를 위반한 계약체결권유행위만이 해지권의 대상이 된다. '채무의 내용에 좇은 이행'이라는 민법상 채무불이행 법리에 비추어 볼 때 결과적 위법만을 해지권 행사 대상으로 한정한 것은 일응 타당하나, 절차적 위반과 달리 '부적합한 상품의 권유', '중요한 내용의 설명 누락' 등은 정량적인 평가가 어려워 소비자가 이를 증명하기 어렵다. 따라서 하위법령을 통하여 각 위반행위의 판단기준에 관하여 명확하고 구체적인 기준이 제시되고, 증명책임의 경감 혹은 추정규정을 두는 등의 입법적 보완이 필요할 것이다.

(3) '위반하여 계약 체결'이라는 법문언상 인과관계를 내포한 인과적 연쇄 관계로 보이기도 하는 반면, 단순한 시간적 연속성에 따른 나열에 불과하다고 볼 수도 있어 위반사실과 금융계약체결 사이에 인과관계가 요구되는지에 대한 해석상 논란의 여지가 있다. 위법계약해지권은 어디까지나 위법한 '계약'을 체결함으로써 인정되는 계약책임이므로 판매 행위와 계약 체결 사이의 인과관계 자체를 부인하는 것은 기본적인 책임법리에 반하는 주장으로 적절하지 않다. 따라서 인과관계의 필요성을 인정하되, 계약의 해지와 불법행위에 따른 손해배상책임은 그 요건과 법적 성격 및 효과가 다르기 때문에 위법계약해지권에서의 인과관계의 접근방식에 대한 새로운 논의가 필요하다. 결론적으로 민사법학에서의 인과관계 구별에 관한 논의를 기준으로 하여 사실적 인과관계론에 따라 계약체결이라는 결과의 원인이 되는 모든 조건에 대하여 인과관계를

인정하여 금융소비자의 증명책임을 경감시킴으로써 금융소비자의 해지권을 실질적으로 보장하여야 할 것이다.

(4) 다음으로 해지권의 법적성격에 관한 논의사항으로 법 제47조 제1항의 해지권(해지를 요구할 수 있다)과 제2항의 해지권(해지할 수 있다)이 규정 형식이 달라 마치 서로 다른 성격의 두 가지 해지권을 입법한 듯 보이는 문제가 있다. 제1항을 문언 그대로 청구권으로 해석하게 되면 금융회사의 수락으로 인한 합의해지가 되고, 특별한 사정이 없는 한 손해배상청구를 할 수 없게 되는 문제점이 있다. 금융소비자보호법 제정논의 당시에도 위법계약해지권의 도입 취지에 대하여 계약을 해지할 수 있도록 하기 위함이라고 할 뿐, 계약의 해지를 청구할 수 있도록 한다는 문언은 어디에도 없는 점에 비추어 보아도 제1항은 형성권으로 해석하는 것이 목적론적, 역사적 해석에 부합하는 해석일 것이다. 따라서 개정을 통하여 제1항을 '해지할 수 있다'로 변경하고, 제2항에 시행령의 규정되어 있던 금융상품판매업자등의 거절사유를 규정하는 것이 바람직하다고 생각된다.

(5) 마지막으로 위법계약해지권의 행사기간과 관련하여, 계약 체결 후 5년의 기간은 기존의 청약 철회권과 비교할 때 지나치게 장기간이라는 지적이 있는데, 위법계약해지권이 제정되기 전부터 판례는 기간의 정함이 없는 계속적 계약의 해지권 행사기간을 10년으로 인정하여 왔기 때문에 위법계약해지권에 기간의 정함을 두지 않은채 소송을 통하여 해지권을 행사하도록 했다면 법원이 그 행사기간을 10년으로 해석하였을 것이다. 또한 금융상품 판매단계에서의 불완전판매행위는 계약체결 직후에는 잘 드러나지 않고 상당한 시일이 지난 뒤에 문제가 되는 경우가 많다는 점을 고려할 때에도 지나치게 짧은 기간은 해지권을 유명무실하게 만들 수 있다는 점을 고려할 때, 위법계약해지권의 행사기간을 계약 체결 후 5년의 기간으로 정한 것이라 판단된다. 다만 계약이 장래를 향하여 무효가 될 가능성 자체만으로도 일정부분 법적 안정성을 해하는 효과가 있음을 부인하기 어렵고 이로 인하여 금융상품판매업자의 부담을 증가시킬 수도 있기 때문에 금융소비자보호법은 위반행위를 안 날로부터 1년이라는 단기의 제척기간을 더함으로써, 소비자보호와 소비자부담 증가 사이의 균형을 도모한 것으로 생각된다.

금융소비자보호를 위한
위법계약해지권 해설

초판발행 2025년 12월 19일

지은이　정현아
디자인　이나영
발행처　주식회사 필통북스
등　록　제2019-000085호
주　소　서울특별시 관악구 신림로59길 23, 1201호(신림동)
전　화　1544-1967
팩　스　02-6499-0839
homepage　http://www.feeltongbooks.com/

ISBN　979-11-6792-211-3 [03360]

ⓒ 정현아, 2025

정가 20,000

｜삼원사는 교육미디어그룹
｜주식회사 필통북스의 인문서적 임프린트입니다.